A Verdade Não Existe

A Consciência Dominando o Poder da Criação

Mauricio Benicio

A Verdade Não Existe

A Consciência Dominando o Poder da Criação

MADRAS®

Editor:
Wagner Veneziani Costa

Produção e Capa:
Equipe Técnica Madras

Revisão:
Neuza Rosa
Jerônimo Feitosa
Ana Paula Luccisano

Dados Internacionais de Catalogação na Publicação (CIP)
(Câmara Brasileira do Livro, SP, Brasil)

Benicio, Mauricio
A verdade não existe: a consciência dominando
o poder da criação/Mauricio Benicio. – São Paulo: Madras, 2016.

ISBN 978-85-370-1009-9

1. Consciência 2. Crescimento pessoal
3. Evolução 4. Evolução humana 5. Psicologia do
desenvolvimento I. Título.
16-04980 CDD-158

Índices para catálogo sistemático:
1. Crescimento pessoal: Psicologia 158

MADRAS EDITORA LTDA.
Rua Paulo Gonçalves, 88 – Santana
CEP: 02403-020 – São Paulo/SP
Caixa Postal: 12183 – CEP: 02013-970
Tel.: (11) 2281-5555 – Fax: (11) 2959-3090
www.madras.com.br

Índice

Parte IV
Decodificando os Bloqueios

Parte V
A Estrutura de uma Ilusão

Parte VI
Combatendo a Ilusão

Parte VII
A Consciência Cria a Realidade

Parte I

"Não absorva esta parte do conhecimento a não ser que seja Merecedor."

Mestre das Ilusões

1.

Um Véu de Ilusão

A Realidade Experimentada

Era um dia frio de inverno em uma grande cidade praiana. A sensação térmica no interior do apartamento localizado na zona sul da cidade exigia um casaco, ainda que o corpo estivesse enfiado sob um edredom quentinho. Dava para ouvir o barulho do vento gelado batendo na janela de vidro temperado incolor. A melhor ideia em um dia assim é consolar-se diante de um bom livro ou de um bom filme, visualizando palavras ou imagens que o afaste do mundo real e preocupando-se apenas com o ritual de preparar uma bebida quente antes da distração.

A vida de Edgar caminhava assim, como de costume, dividida entre os pequenos prazeres cotidianos de um solteiro solitário e o enfadonho trabalho em um escritório localizado no centro da cidade. Por vezes, o convite de Verônica, apesar de parecer repetitivo, permitia escapar de mais um dia cinzento.

Verônica formou-se em psicologia já perto dos 30 anos após conseguir, com muito esforço, uma vaga na faculdade federal. Sempre superou as dificuldades da vida, fruto de sua origem pobre e de sua aparência nem tanto atraente. Lutou, trabalhou e, após duas décadas e meia de idade, conseguiu realizar seu sonho de estudar e tentar entender a psique humana.

Visualizava poder curar todos os males emocionais registrados no inconsciente humano. O desejo era tão profundo que ela chegava mesmo a sonhar ouvindo a gratidão de seus pacientes imaginários. Entretanto, na dura realidade, tentou trabalhar em sua área acadêmica durante quase um ano, porém os poucos pacientes que conseguiu vieram do plano de saúde que ela decidiu aceitar. O plano ingrato pagava a Verônica apenas 11 pratas por atendimento, e os três ou quatro atendimentos diários não eram suficientes sequer para pagar o espaço sublocado na clínica de uma médica amiga. Ouviu a voz da razão e, em menos de um ano, após receber uma proposta para ser gerente de vendas em uma loja do shopping, afastou-se de sua profissão e de seu sonho, para enfim, conseguir respirar financeiramente e tirar o "peso" das contas para pagar de suas costas.

Os amigos Edgar e Verônica se conheceram há muitos anos, não se lembram como nem por quê, mas nutrem uma amizade que, para Edgar, serve de conforto e desabafo. Ele a vê como uma pessoa de confiança e gosta de ouvir suas ideias que vislumbram um mundo melhor, ainda assim, para ele, Verônica representa apenas uma boa amiga.

Na noite fria daquele inverno praiano, decidiram sair para jantar caminhando pelas ruas do mesmo bairro onde moravam em direção a um pequeno e acolhedor restaurante, já visitado em diversas outras ocasiões. Gostavam do passeio, pois escutavam os sons das ruas, observavam a movimentação das pessoas familiares daquele bairro e sentiam uma energia habitual.

A conversa sempre confortável e calorosa era agradável para os dois, Verônica falava dos clientes e funcionários de seu trabalho, como os via, sempre de forma inteligente e psicanalítica, porém internamente estava frustrada por não poder oferecer aos outros seu talento profissional em psicologia. Sentia a amargura de ter que exercer outra profissão. Já Edgar ouvia a amiga com admiração, porém estava ali anestesiado, claramente em uma tentativa de esquecer o peso de sua mediocridade existencial e do princípio de depressão que apontava no horizonte.

Ao fim da refeição ainda conversaram por um tempo, depois se despediram como de costume e saíram caminhando em direções opostas. Verônica seguiu para seu apartamento enquanto Edgar preferiu andar em direção ao mar para passear um pouco pela praia. Ele gostava de conversar consigo mesmo ouvindo o som do mar e, por vezes, tirar o tênis deixando os pés tocarem a areia na beira-mar. Até chegar à praia, por entre os prédios iluminados daquele animado bairro, Edgar buscava olhar e distrair-se com os movimentos das pessoas, dos carros, dos jardins e até dos porteiros sentados e distraídos em suas portarias com seus radinhos de pilha.

A Vibração do Mistério

Logo que chegou ao calçadão da praia, Edgar se deparou com a brisa gelada daquela noite de inverno, porém ao mesmo tempo se admirou com o céu sem nuvens e a permanente beleza do local. O relaxamento interior foi tão grande que ele decidiu se sentar em um dos bancos de cimento do calçadão e ali permanecer enquanto aquele sentimento de tranquilidade estivesse presente. Ali se manteve encantado, hipnotizado, quase se esquecendo do mundo exterior e de seus sentimentos.

Foi então que, repentinamente, Edgar assustou-se com uma presença resfolegante se aproximando; sentiu sua presença e, antes que se virasse para ver, ela já estava sentada ao seu lado. Nem viu de onde chegou, só percebia que devia ter vindo correndo, pois puxava o fôlego para falar.

– Ajude-me, por favor! Eu não tenho tempo!

Edgar, ainda meio atordoado e tentando entender o que estava acontecendo, respondeu:

– Calma, moça! O que houve? No que posso ajudar? Você foi assaltada?!

– Não. Estou sendo seguida e tenho pouco tempo.

Normalmente, analisando a visão de mundo de Edgar e sua política de manter-se em sua vidinha calma e sem maiores problemas, a tendência dele seria se levantar, desculpar-se e sumir dali antes que sobrasse para ele, seja lá o que fosse. Porém, ao reparar melhor na mulher que se sentou ao seu lado, ficou sem reação.

Ela era simplesmente a mais bela mulher que ele já havia visto em toda a sua vida. Era encantadora. O brilho dos seus cabelos negros combinava perfeitamente com o branco infinito de sua pele. Seus olhos azuis pareciam iluminar toda a praia. Sua feição era ao mesmo tempo diabólica e angelical. Uma beleza doce combinada com traços e corpo sensuais. Seus lábios eram fartos e convidativos e seus olhos eram felinos, porém, ainda assim, ela parecia um anjo. Era quase a deusa da beleza.

Diante de tamanho encontro, Edgar não conseguiu fugir, ao contrário, foi tomado por um espírito heroico e interessado em ajudar. Destinou a ela várias perguntas:

– Quem está lhe perseguindo? Por quê? Como você se chama? Em que posso ajudá-la?

Ela respondeu:

– Não importa! Eu me chamo Mônica e quero que você guarde isto para mim!

Passou-lhe, no mesmo instante, uma caixa marrom retangular revestida em couro com cerca de 30 centímetros de comprimento e cinco centímetros de largura, envelhecida em uns 30 ou 40 anos, pelo que se podia observar.

– Guarde para mim que depois eu sei como te encontrar e vou pegar de volta – disse Mônica. E continuou:

– Por favor, não abra a caixa de jeito nenhum! Entendeu?

Confuso e um pouco assustado, colocando a caixa sob seu casaco, Edgar respondeu:

– Não. Não entendi nada! O que tem na caixa? Como você vai me encontrar?

– Não há tempo! Depois explicarei! O futuro da humanidade depende de mantê-la fechada, ela se abre apenas pela nova era! – levantou-se rápido e atravessou às pressas as ruas entre o calçadão e os prédios da orla.

Cheio de perguntas por fazer, Edgar apenas olhou aquela linda mulher finamente trajada com um vestido preto e uma ofuscante e vermelha sandália de salto alto afastar-se de seus sonhos. O máximo que conseguiu foi gritar timidamente pelo nome sem que ela tenha virado para responder:

– Mônica!

Ao tentar rapidamente processar a situação para decidir como reagir, outro fato de súbito chamou sua atenção: um sinistro vulto preto, que logo se transformou na silhueta de um homem claro, alto e esguio, observava a situação a uns 50 metros de distância. Ao olhá-lo, Edgar sentiu que também era observado e tremeu em calafrios por aquela imagem perturbadora. Logo percebeu que aquele estranho pôs-se a caminhar lentamente em direção a Mônica, que rapidamente sumia entre os prédios. Confuso, Edgar calculou que Mônica não seria alcançada e se resignou. Aproveitou para descansar sentando-se de volta, no agora relaxante banco de cimento, tentando pensar e realizar tudo o que havia acontecido. Só que ele estava com aquela caixa ameaçadora no casaco e não sabia se havia sido visto recebendo-a. Achou melhor voltar para casa para pensar no que fazer.

Ao entrar em seu apartamento, preocupou-se mais que de costume em confirmar as fechaduras da porta rodando a chave até o fim. Em seguida, percorreu as janelas da sala e dos quartos verificando suas travas e visualizando se podiam ser arrombadas. Não podia negar que estava um pouco assustado, porém também percebia alguma excitação com toda aquela situação. Conversava consigo mesmo tentando sentir o que fazer.

Somente após se certificar da segurança do local, sentiu-se confiante para retirar a caixa do grande bolso de dentro de seu casaco e colocá-la sobre a mesa de centro de sua sala. Na luz ambiente pôde ver melhor que realmente se tratava de um receptáculo de couro amarronzado e envelhecido, em formato de caixa, com uma estranha trava metálica de segurança numérica que pressupunha a necessidade de uma senha para ser destravada. Aproveitou a circunstância e analisou com detalhe aquela caixa com a quase insuportável curiosidade de abri-la, ainda que à força.

Após muita análise e reflexão, e ainda sob os efeitos encantadores de Mônica, Edgar conseguiu controlar seus ímpetos e apenas tentar imaginar o conteúdo da caixa, aproveitou e levemente a sacudiu para tentar ouvir um barulho significativo, mas nenhum som escutou, não havia movimento interior. Estava com água na boca, mas controlou-se. Um pouco cansado pela turbulência das últimas horas, deitou-se ali mesmo no sofá da sala afundando seu corpo exausto naquele estofado macio, podendo ainda rever mentalmente sua noite agitada e reescutando as palavras de Mônica. Ali ele adormeceu.

Já pelo amanhecer do novo dia, meio assustado com a posição incomum e desconfortável que acordou naquele sofá pequeno para a sua altura, e com poucas lembranças da noite anterior, Edgar despertou apenas com o reflexo da luz do sol sobre os seus olhos naquela manhã clara de um novo dia frio. Com o horário um pouco apertado, correu para se preparar e sair para o escritório, dando pouca importância à caixa sobre sua mesa, apenas a pegou na saída e a colocou no porta-luvas de seu carro, onde a deixou.

Ao longo do dia, sentado em seu escritório e sentindo o tédio burocrático local, teve relances do ocorrido, porém a agitação daquelas atividades laborais repetitivas pouco lhe permitiu reflexões e análises. Ainda teve uma preocupação extra ao receber a ligação de seu pai dando conta da piora do estado de saúde de sua mãe, uma vez que a doença havia se espalhado um pouco mais por seu organismo.

Os pais de Edgar, seu Carlos e dona Eliane, formavam um casal com 38 anos de união e, entre momentos de uma relação com altos e baixos, mantiveram-se juntos ainda que apenas se aturando em boa parte dos anos. Seu Carlos era um oficial reformado do Exército e trabalhou boa parte de sua carreira no extinto Serviço Nacional de Informação (SNI). Homem áspero e sagaz, dedicou menos tempo à família e mais tempo à inteligência militar, principalmente na época da repressão. Agora se via como um homem aposentado e meio deprimido, esvaziado das fortes emoções de sua vida profissional. Já dona Eliane levou a vida cuidando de sua família, tendo alguma pouca atividade semiprofissional por ter sido eleita miss beleza feminina no município onde nasceu no interior do Estado; antes já havia ganhado outros concursos de beleza menores na região. Ela entrou em crise na meia-idade, por se sentir menos atraente, e com o desgaste da relação conjugal, bem como quando seu único filho saiu de casa. Acima de tudo isso, para Edgar, os dois sempre foram seu pai e sua mãe, incondicionalmente, e agora ele estava muito preocupado com dona Eliane. Coisas da vida!

A Densidade do Medo

O dia de trabalho foi cansativo e Edgar queria voltar logo para seu refúgio e descansar. Os músculos de seu corpo magro pediam alguns minutos naquele sofá da sala. Lembrou-se da caixa no porta-luvas, pegou-a e subiu pelo elevador. Ao entrar no corredor que dá acesso a sua porta, teve a sensação de que algo estava errado. Ao se aproximar, observou que a porta de entrada estava apenas encostada e com uma fresta de cerca de cinco centímetros aberta. Racionalizou a situação e rapidamente imaginou que seu apartamento esteve ou estava sendo invadido. O coração acelerado quase o deixou imóvel, porém sua preocupação em ver o tamanho do estrago lhe dirigiu o movimento e ele levemente empurrou a porta para verificar se havia algum malfeitor por ali. A princípio ninguém. Entrou um pouco mais e viu sua sala revirada de ponta- cabeça. Visitou os quartos e viu o mesmo cenário, tudo derrubado ou quebrado, porém parecia que o autor daquele desastre já não estava por lá. Confirmou e certificou-se. Só aí se pôs a calcular as perdas e os danos e a pensar em como reagir. Ainda com a caixa na mão, começou a pensar. Aparentemente alguém procurava alguma coisa, pois nada parecia ter sido levado, inclusive seu notebook, que estava no chão próximo da escrivaninha em que se encontrava pela manhã. Logo não lhe restou outro pensamento senão a busca pela caixa e o perigo que poderia ter em mãos. Sua decisão foi ligar para a polícia e solicitar uma investigação, afinal era sua pele que estava em jogo.

Quarenta minutos após sua ligação para a delegacia da Polícia Civil do bairro, após ser orientado pelo telefone para não mexer em nada, chegou ao seu apartamento o agente de polícia e investigador Lauro, que observou tudo e passou a fazer perguntas:

– Então, revisando, o senhor chegou ao apartamento às 19 horas, encontrou tudo revirado e nada foi levado?

– Isso mesmo – respondeu Edgar.

– O senhor imagina quem possa ter feito isso? E por quê?

– Não! – respondeu Edgar, temendo ter que revelar a história de Mônica e da caixa.

– Bom – disse Lauro, em tom conclusivo. – Sua porta foi arrombada e não consegui coletar digitais em nenhuma parte da casa. Seja quem for que fez isso sabia como fazer sem ser rastreado. Também não há circuito interno de monitoramento neste prédio. Vou providenciar a ocorrência e continuarei as investigações. Qualquer novidade que o senhor entenda estar relacionada a esse caso, me avise.

Lauro era um investigador experiente, ainda que com seus 37 anos de idade, e já estava há 13 anos como detetive de polícia. Gostava muito do que fazia e era extremamente atencioso a todas as informações e detalhes que diziam a respeito de suas investigações. Porém, ali não havia, a princípio, nada a fazer.

Quando a polícia deixou seu apartamento, Edgar começou a arrumá-lo e a pensar no que fazer para desembaraçar toda essa trama e ainda sair ileso. Estava com um pouco de dor de cabeça pela tensão acumulada.

Caminhou de um lado para o outro da sala, pensou e pensou, porém nada lhe vinha à mente a não ser a ideia de contar a situação para sua melhor amiga Verônica. Em seu caminhar pela sala já arrumada, subitamente percebeu através de sua janela uma presença feminina peculiar. Olhou com cuidado e não teve mais dúvidas. Era Mônica em frente ao seu prédio e olhando para sua janela, parada do outro lado da rua. Catando rapidamente a caixa, Edgar correu para o corredor e acionou o elevador, porém a demora em responder fez com que ele se desatasse a descer resfolegante, correndo escada abaixo, cada um dos sete andares do prédio. Quando finalmente conseguiu sair do prédio, exausto, procurou por Mônica e não a encontrou, olhou com mais cuidado e percebeu sua silhueta distante indo em direção aos prédios à beira-mar, a cerca de uns cem metros de distância. Haja pernas. Correu esbaforido para interceptá-la, porém, após chegar ao local, não a viu mais. Procurou, mas não a achou. Ficou desolado ao perceber que sua fonte de respostas havia escapado de suas mãos mais uma vez. Sentou-se novamente em seu velho banco de cimento no calçadão, mergulhado em sua frustração e, também, para deixar o ar voltar aos pulmões antes que tivesse uma parada cardíaca.

Ficou ali sentado e de cabeça baixa lamentando-se. Estava tão concentrado em seu problema que esqueceu o mundo exterior. Quando voltou para a Terra e levantou a cabeça, simplesmente viu um senhor, elegantemente todo vestido de branco, parado bem na sua frente. Não se assustou, pois àquela altura nada mais o assustava com facilidade, porém estranhou, perguntando-lhe:

– Deseja alguma coisa, amigo?

– Te ajudar! – respondeu o enigmático e simpático senhor.

– Quem lhe disse que preciso de ajuda?

– Não sei! Precisa? Você me pareceu precisar de respostas e por isso estou aqui.

– Até preciso – respondeu Edgar. – Mas não creio que o senhor poderá me ajudar.

– Talvez eu possa. Se você quiser compartilhar o que lhe aflige, será ótimo, afinal estou mesmo passeando por aqui e sem nada mais a fazer e, às vezes, precisamos de ajuda para desabafar e extrair de nosso interior verdades que estão ocultas, retirar alguns véus e resolver o problema.

Edgar pensou, olhou para o senhor de branco, não viu perigo iminente em uma figura tão carismática e falou consigo mesmo: "*por que não?*". E pôs-se a desabafar e contar toda a história, desde o início, para o amigável desconhecido. Não conseguia parar de falar e contou todos os detalhes, foi além e também comentou de sua vida pessoal e profissional. Enfim, abriu seu coração para aquela figura paterna e freudiana que neste momento já estava sentado ao seu lado.

– Bom, eu falei, falei e não perguntei seu nome – disse Edgar.

– Meus amigos me chamam de Branco, ou "Seu Branco" – respondeu aquela figura suave.

– Ok, combina com sua roupa – brincou Edgar. – Pois é, seu Branco, o que achou de toda esta história?

– Interessante! A caixa é esta que está em suas mãos, eu suponho!

– Sim! – respondeu Edgar um tanto desconfiado, protegendo-a ao segurar-lhe mais firme.

– Já pensou em abri-la, ainda que Mônica tenha pedido para não fazê-lo?

– Sim, pensei, porém ainda não decidi o que fazer.

– Tudo bem! – disse seu Branco. – Eu gosto de passear aqui à noite e estarei sempre por aqui neste horário. Caso nos encontremos novamente, conte-me o que decidiu fazer e continuaremos a conversa.

Seu Branco saiu doce, leve e rapidamente, assim como havia chegado. Deixou mais dúvidas que respostas, porém serviu para o desabafo de Edgar.

Edgar ficou mais um tempo sozinho e, depois, decidiu caminhar até o apartamento de Verônica.

Encontrando a amiga, comentou sobre a invasão de seu apartamento, mas sem falar sobre a conversa que teve com seu Branco. Ela impressionada disse:

– Nossa, que história, Edgar! – afirmou a psicóloga Verônica após ouvir todo o relato com absoluta atenção.

Verônica começou a se entusiasmar, afinal sua atração pelo mistério, a curiosidade pelo oculto e seu espírito aventureiro, que sempre foram necessários para desvendar os segredos da mente, agora estavam focados em uma história real.

– Que legal!

Orgulhosa pelo grande amigo ter lhe compartilhado o acontecido, colocou-se logo à disposição para ajudar e logo mandou essa:

– Já sei! Vamos abrir a caixa!

– O quê?! – perguntou o surpreso Edgar. – Mônica pediu para não abrir! – disse com rigor.

– Calma, Edgar! Raciocine comigo: tem gente perigosa procurando esta caixa, e Mônica pode estar em perigo. Você não pode ficar esperando e se arriscar pessoalmente e a Mônica também. É preciso tomar uma atitude e esta só pode ser a de ver o que tem aí dentro. E se forem drogas? Ou joias roubadas, sei lá?!

– É... Tem razão... Temos que abrir, não é? – respondeu Edgar, conformando-se.

– Ok. Então, vamos fazer aqui e agora! – respondeu a animadinha Verônica.

– Agora?!

– Sim, por que não?!

– Tudo bem! Porém, há uma combinação de oito números e não faço a menor ideia qual é! – disse Edgar.

– Espere aí! Vamos pensar antes de partir para o plano "B", que é arrombar isso aí – já foi se explicando Verônica. – Vamos pensar, Edgar, o que foi mesmo que a Mônica lhe disse antes de partir, a última coisa que falou, acho que foi sobre a humanidade? – perguntou Verônica com sua inteligência aguçada e uma quedinha para o místico e o oculto.

– Eu me lembro! – respondeu Edgar. – Ela disse que *"O Futuro da humanidade dependia da caixa e que ela... se abre... pela nova era"* – vindo lentamente à memória de Edgar.

– É isso! – respondeu alto Verônica. – Já que são oito números, só pode ser uma data! Afinal, ela falou em futuro, nova era...

– É verdade, é verdade! – respondeu rápido Edgar estimulando Verônica a pensar mais. – Que data?!

– Se abre pela nova era... Nova era... Quando começou a nova era? Deixe-me pegar o notebook! – ela mesma respondeu. – Vamos pesquisar na internet!

– Deixe-me digitar o início da nova era e... isto, eu já vi! Tente aí: 04.02.1962, início da Era de Aquário. Espere aí! Anote também 21.12.2012, nova era para os Maias – já destilando todo seu conhecimento esotérico acumulado. – Ok, vai! Tente essas duas!

Logo, o hábil Edgar pôs os dedinhos a trabalhar tentando as sequências numéricas imaginadas pela amiga e, uma após a outra, todas falharam. E olha que só da internet e de seus conhecimentos, Verônica tentou pelo menos umas dez sequências diferentes.

Quando já estavam a ponto de desistir e partir para o plano "B", arrebentando com a tranca da caixa, Edgar fez uma última reflexão: "*abre pela nova era ou abre a nova era, o futuro depende da abertura da caixa ou a abertura da caixa representa o futuro*", intuiu Edgar.

Então, meio que de repente e sem ter o porquê, Edgar decidiu digitar 20.06.2014. Ao ouvir o tão esperado "click" os dois suspiraram:

– O que você fez?! – perguntou Verônica.

– Digitei a data de hoje! O dia de abertura da caixa!

– Por quê?! – perguntou a incrédula Verônica. – E se decidíssemos abrir amanhã?

– Não sei! – respondeu Edgar. – Senti que a senha seria a data da abertura, a abertura para a nova era, para o futuro, independentemente do dia; é como se houvesse uma inteligência no controle, sei lá, senti isso.

– Nossa, que louco! – afirmou Verônica. – Bom, não entendi muito bem, mas vamos abrir logo.

PARTE II

"O prosseguimento nesta parte do saber é para os poucos escolhidos."

Mestre das Ilusões

2.

O Livro Proibido do Mestre das Ilusões

O Plano da Criação, a Consciência e a Onisciência

Ao lentamente abrir aquela tampa de couro, bem encaixada entre duas velhas madeiras, que não lhes permitia movimento no interior da caixa, descobriram algumas poucas páginas de um livro, um tanto envelhecido, com uns 40 ou 50 anos de fabricação, bastante amareladas pelo tempo e com alguns rabiscos e rasuras na página inicial.

Escrito com uma aparente caneta-tinteiro e com letras perfeitamente desenhadas, lia-se o título: *O Livro Proibido do Mestre das Ilusões*. Logo abaixo do título estava escrito: *"Este livro me pertence"*. *"Não leia."* *"Se estiver diante destas páginas, guarde-as e as esconda em um lugar onde apenas aqueles que podem ler as encontrarão."*

Sem dar a menor bola para essas palavras, suavemente Edgar virou a primeira página, se deparou com o capítulo I do livro e se pôs a ler com Verônica. E assim estava escrito:

* * *

Capítulo I
O Plano da Criação

No início não havia criação, era apenas a Onisciência luminosa eterna e sem forma, infinita no êxtase do que se reconhece como o mais sublime amor, onde as cores desfilam em um bailado de consagração a inesgotável beleza do não ser. É a infinita beleza da Onisciência, revelada em seu brilho inesgotável e em sua vibração Onipresente.

Esta consciência suprema necessita ser mantida e, por isso, eu existo. Minha tarefa é reproduzir sua força com um plano criativo que necessita separar, combinar e agrupar, continuamente. Um processo que envelhece e renova e que faz do mais pesado o mais leve. O Onisciente é a leveza suprema. E minha missão é a movimentação Onisciente para a manutenção de seu brilho infinito.

Já me chamaram de vários nomes. Porém poucos me compreenderam. Poucos conhecem o meu trabalho e sabem para quem eu trabalho. Eu sou o criador do Senhor Onisciente, eu sou aquele que separa e agrupa, aquele que envelhece e renova, sempre com mais conhecimento e beleza. Fui eu quem sugeriu o caminho do retorno.

Da infinita e única beleza Onisciente, separei o germe da consciência e da beleza. Estavam juntos e eu separei. Separei um pedaço do todo e criei o dois.

Sugeri a renovação e ela foi aceita. Minha separação primordial movimentou o plano, pois diminuiu a vibração das partes separadas quando as distanciou do Único, preparando o caminho do retorno.

Os mais cultos já me chamaram de Hades. Os menos cultos confundiram meu nome com o que não presta. Porém, gosto de ser chamado de Mestre das Ilusões, pois sugeri a criação e foi aceita, e sugeri a renovação e foi aceita. Esta é a evolução. Uma ilusão após a outra.

Sugeri a divisão inicial e ela foi aceita, desde então vivemos separados e separando.

Sinto orgulho quando vejo vocês separarem pela ilusão da dualidade. Aceitaram a sugestão, porém não possuem ciência de que, ao olharem para o bem, também veem o mal, que ao julgarem o certo criam o errado e que só existe o dar se existir o receber. Vocês separam tudo e este é o meu plano. Tudo estava junto e eu separei, ou melhor, eu sugeri separar e vocês aceitaram.

Vocês são fragmentos do Onisciente divididos em consciência e beleza. A beleza onisciente era única antes da separação e, agora, está separada em vocês. Tinha vibração e brilho infinitos, porém se tornaram mais densos após meu trabalho. Mas saibam que a atração entre estas partes divididas é natural e evolutiva, e esta busca só cessará quando do retorno definitivo da Onisciência. E histórias precisarão ser contadas sempre quando houver esta aproximação magnética vibratória, ou sempre que houver a expansão da consciência desdobrada.

Quando suas consciências separadas buscam a beleza que satisfaça a sua evolução, eu estou presente. Este é o movimento e este é o meu trabalho. E quando sua consciência evolui de seu estado mais pesado para um estado mais leve e, naturalmente, exige contar uma nova história de beleza, eu me realizo.

A beleza significativa para consciência densa é superficial e exterior, enquanto a beleza significativa para a consciência expandida é o conhecimento luminoso do amor e da leveza poética.

Informo a vocês que permaneço separando e, com isso, retirando vibração e intensidade da Onisciência, de forma a manifestar consciências, porém os primeiros que separei já retornaram e muitos estão próximos do único novamente.

Tudo isto também é necessário porque a separação e a posterior atração geram um movimento que leva a uma combinação criadora das formas que serão capazes de criar toda uma realidade coletiva.

A movimentação do retorno é indispensável ao plano da criação e para manutenção do brilho Onisciente, pois ocorrerá uma aceleração vibracional das consciências ao regressarem ao Único.

O mundo concreto nada mais é do que o lento vibracional luminoso provocado pela separação.

A consciência que não é capaz de uma grande viagem interior, uma vez que sua vibração densa não alcança os níveis mais profundos de compreensão, irá experimentar a beleza, a metáfora, ou a sua história pessoal, ou como queiram chamar, de uma maneira superficial, em uma densidade onde existe o sofrimento.

A consciência primitiva sofredora e com medo cria as formas ditas negativas do terror, da violência e dos demônios. Esta consciência incipiente, que ainda busca a beleza por meio da dominação e do poder e que se encontra em níveis iniciais da separação, está fadada à assombração provocada pelo revés dual da criação. Ela produzirá uma realidade experimentada composta por todos estes sentimentos negativos, significados em cenas de sofrimento, porém, tudo isto é apenas a expressão da imaturidade consciente e da criação na densidade em que se encontra.

Vocês decidiram chamar minha separação original de o masculino e o feminino, e eu gostei, porém prefiro consciência e beleza, contudo as duas estão certas. Apenas não confundam o masculino e o feminino com o homem e a mulher, pois o masculino e o feminino estão em ambos os sexos. Tanto o homem quanto a mulher possuem uma consciência que está se tornando mais leve e evolutiva mediante os conhecimentos e aprendizado adquiridos. E lhes digo que, a partir do salto evolutivo, homem e mulher buscarão ressignificar a beleza de sua história pessoal criando novas ilusões e reproduzindo meu plano criativo vibracional, até que sua beleza interior se transforme em uma história derradeira de retorno à Onisciência.

Muitos também chamam a separação original de Pai e Mãe, o que eu também tolero, afinal, continua representada a inviolável atração entre as partes. Porém, é importante saber que a consciência vibra uma fração antes da beleza e sempre se mantém assim, pois a beleza é constantemente ressignificada pela consciência.

Garanto a vocês que sempre que a consciência se expande com a luz de novos conhecimentos, um novo significado terá a beleza para ela, e toda a criação mudará em função disso. Por isso sugeri o envelhecimento da beleza pelo desenvolvimento da consciência, para que o vazio gerado por esse envelhecimento seja substituído por uma nova criação mais bela e adequada à nova consciência, muito mais poética. E assim uma história com menos sofrimento será contada.

Então, estejam atentos, pois sua realidade material nada mais é do que a lentificação da vibração Onisciente e a programação de forças geradoras de formas e arquétipos. Ou seja, apenas uma ilusão luminosa.

Um lembrete: quando uma ilusão é apontada, ela deixa de ser uma ilusão.

Cuidado ao ler estas páginas, pois vocês poderão sentir falta de sua doce mentira e mergulhar no vazio deprimente da desilusão. Se, contudo, vocês ampliarem suas consciências, poderão controlar suas próprias ilusões e ainda ajudar o próximo a preencher-se com ilusões mais conscientes e belas.

Estejam certos de que sua evolução implicará a evolução do próximo, pelo que vocês poderão lhes oferecer. Suas vidas mudarão e vocês serão os construtores de grandes obras criativas, meus discípulos ou, talvez, Mestres das Ilusões.

O Plano da Ilusão

Vocês acreditam que possuem um corpo, que contém um cérebro e que do cérebro provém suas consciências, porém, isto não está correto. Saibam que a consciência não está dentro de vocês, ao contrário, são vocês que estão dentro dela.

A consciência é um ser separado da Onisciência e, em seu retorno, conta uma história em que vocês são os protagonistas, porém, tudo nessa história é desenhado pela consciência, inclusive vocês, sua personalidade e o arquétipo que representa seu corpo físico, bem como tudo mais que sua percepção puder captar. Tudo pertence à consciência!

No nível macro, a consciência e a beleza se encontram, se agrupam e produzem sempre novas histórias de vida. No nível micro, partículas de consciências positivas e negativas fazem o mesmo trabalho e produzem as formas, pois as partículas interpenetram tudo o que há.

Na divisão original, separei as consciências da Onisciência.

Essas consciências viajaram em uma linha espiral que formou ondas, essas ondas formaram camadas e, cada uma dessas camadas, é uma faixa de consciência.

As faixas de consciência também podem ser chamadas de planos ou dimensões de consciência.

Quanto mais afastadas estiverem do núcleo Onisciente, menos aceleradas vibratoriamente as faixas de consciência estarão e mais densas elas serão, porém todas as consciências retornarão.

Dentro de cada faixa estão consciências com aceleração vibratória semelhante, porém não iguais, e essas consciências formam o consciente coletivo daquela dimensão.

Esse consciente coletivo cria a realidade experimentada daquela faixa de consciência por meio de seu sistema de crenças, porém essa realidade representa apenas uma visão da realidade, dentre muitas que existem, ou representa somente mais uma ilusão necessária para acomodar a expansão das consciências coletivas que ali se encontram.

Dentro do consciente coletivo estão as consciências individuais.

O complemento entre a Onisciência e a consciência é o inconsciente. No inconsciente se encontram todas as informações de que as consciências necessitam para retornarem ao Único.

O espaço, que está à frente das consciências coletivas ou individuais até a Onisciência, podemos chamar de inconsciente superior ou o supraconsciente.

O inconsciente superior é formado por ondas e partículas de consciências mais aceleradas vibratoriamente, pois ele está mais próximo do núcleo Onisciente.

O processo de criação ocorre quando o pensamento, carregado de desejo e vontade, busca material inconsciente para produzir informações, cenas ou imagens, dentro do inconsciente superior. Neste momento, a atenção das consciências se dirige para as ondas de consciência e manifesta as partículas que criarão a realidade experimentada.

As ondas e partículas possuem um padrão dual e existem mutuamente. A transformação depende do observador, ou "Penso, logo existo".

Quando as consciências se expandem, elas buscam no inconsciente superior as informações necessárias para construir suas novas ilusões. Como o inconsciente superior é formado por ondas mais aceleradas vibratoriamente, então as novas ilusões serão construídas com mais conhecimento e poesia, pois serão edificadas com partículas mais sutis.

Quando as consciências se expandem, seus pensamentos serão criados e irão gerar imagens com histórias mais sublimes e que serão reproduzidas como "uma experiência de vida" com menos sofrimento

As consciências, em seu caminhar evolutivo de retorno, buscam informações dentro do inconsciente por escolha própria, entretanto, essas escolhas são manipuladas por sugestões externas introduzidas por diversos grupos. Vejamos como isto funciona.

O Plano de Manipulação

A atenção consciente ou o pensamento é o responsável pela criação da realidade experimentada, e isto representa o poder da criação.

Vários grupos tentam controlar e dominar o poder das consciências, desviando a atenção consciente e interferindo em seus pensamentos.

Alguns grupos o fazem em proveito próprio, com a intenção de fazer com que o "consciente coletivo" construa uma realidade experimentada para lhes oferecer poder. Outros grupos interferem com o objetivo de acelerar a evolução das consciências e para guiá-las e ampará-las. Estes são os meus Operadores Evolutivos e Involutivos e, sobre eles, falarei no terceiro capítulo deste livro.

A manipulação das consciências será realizada com sugestões implantadas no inconsciente, pois esta é a maneira mais fácil de serem assimiladas por vocês, uma vez que no nível consciente vocês tendem a resistir em função de suas crenças.

Sugestões implícitas e subliminares são constantemente produzidas por manipuladores que utilizarão informações, cenas ou imagens, que ficarão impregnadas no inconsciente para manipular as consciências.

Quando as consciências forem buscar informações dentro do inconsciente para construírem sua realidade, serão manipuladas nos seus pensamentos, nos seus sistemas de crenças e, em última etapa, ocorrerá uma manipulação na edificação de toda a realidade experimentada.

Agora vou lhes dizer como funcionam as ilusões e quem são e onde estão meus ilusionistas evolutivos e involutivos e, até o final deste livro, lhes darei o poder da criação.

* * *

... E o primeiro e único capítulo, que se encontrava na caixa, havia chegado ao fim:

– Ué! Cadê o resto? – questionou Edgar após a leitura do capítulo I do livro.

– Não sei! Estranho – respondeu Verônica, logo acrescentando: – Acho que na caixa há apenas o capítulo I. Caramba! Logo agora que estava ficando interessante – ela disse.

– Espere aí! – interrompeu Edgar. – Dá uma olhada aqui! – falou apontando para rasuras que estavam na capa e dizendo lentamente:

– Acho que tem alguma coisa aqui...

Verônica, como boa intérprete, olhou, olhou e disse:

– Parece escrito: "Continua com os diagramas", ou "diagramiados", ou "diagramianos", não sei! Acho que é "continua com os diagramas", está quase ilegível.

– E agora?! – questionou Edgar. – Tanto mistério para isto! Até gostaria de saber sobre os ilusionistas, porém, por que o capítulo de um livro é tão importante, a ponto de nele residir o futuro da humanidade, como Mônica falou?!

Na verdade, os dois estavam interessadíssimos em encontrar respostas, porém as pistas precisavam ser mais bem analisadas e ambos já estavam meio cansados. Olhos pesados e ombros tensionados não ajudam a pensar. Decidiram parar por ali e continuar a decifrar o mistério nos dias seguintes, ver com mais calma. Assim, Edgar voltou para sua casa deixando a caixa recomposta com o livro na casa de Verônica, onde concluiu ser um lugar mais seguro, por enquanto.

O dia seguinte amanheceu e Edgar teve uma noite atribulada, sentindo momentos de insônia e agitação alternados com períodos de sono e sonhos pesados. Nos sonhos, viu figuras obscuras e ouviu vozes assustadoras. Mas tudo bem! Afinal, ele estava cansado e o dia anterior havia sido tenso. Então, ele se levantou e, com o frio daquele dia de inverno cinza e nublado, foi trabalhar.

O Teste Emocional

Pouco depois de chegar ao escritório, algo muito pesado aconteceu. Edgar recebeu uma ligação de seu pai que transformaria aquele dia desagradável em algo muito mais doloroso. Sua mãe, dona Eliane, teve uma piora súbita e havia sido levada para o hospital em estado crítico. Desesperado, lembrando-se apenas de pegar sua carteira e a chave do carro, localizados sobre sua mesa, Edgar saiu rápido do escritório dando poucas satisfações do que estava acontecendo. Era como se previsse o pior e se sentia atordoado. Não conseguia sequer ver as pessoas que passavam ao seu lado, pois seu único objetivo era chegar àquele hospital o mais breve possível. Ao chegar ao hospital, sua pior visão se confirmou ao perceber o olhar de lamento que seu Carlos desferiu em sua direção. Seu pai estava em claro estado de choque e sem forças sequer para falar o que não precisava ser dito. Dona Eliane, sua mãe, havia acabado de falecer após uma fulminante crise respiratória combinada com sua debilidade imunológica provocada pela doença.

Edgar, sentindo uma dor insuportável, visceral, tentava buscar alguns pensamentos racionais, porém a linha de pensamento rapidamente lhe fugia. Tentava não ver a imagem de sua mãe em uma tentativa infrutífera de não sofrer. Sentia como se estivesse machucado, era como se um pedaço seu tivesse sido arrancado, literalmente. A dor era emocional e física também. Então, por alguns instantes, os dois ficaram ali tentando se amparar, pois eram a única família que lhes restavam. Não havia mais ninguém. Apenas eles em companhia da dor que sentiam em seus corpos e em suas almas. Edgar, reunindo forças, ligou para a amiga Verônica e ela, como sempre, o ajudou. Sua frágil amiga sempre foi o seu braço forte. Cuidou de tudo! Assumiu toda a parte dolorosa do processo e foi mais do que nunca sua melhor amiga.

Alguns dias passaram e seu Carlos aprofundou sua depressão ouvindo músicas do passado, vestindo seu pijama desbotado e enclausurando-se em sua casa e em suas lembranças, na esperança de continuar vendo sua companheira como se ela fosse aparecer a qualquer momento. Ele estava mortalmente machucado. Pouco se ouviria falar dele a partir daí, era como se sua jornada também chegasse ao fim.

Edgar se sentiu triste e melancólico nesses dias e não se lembrava de mais nada do ocorrido recentemente, ou seja, não tinha mais interesse em caixa, livro ou Mônica. Apenas mecanicamente voltou a trabalhar no escritório, mais preocupado em esquecer que em produzir. Voltar a ver as coisas do trabalho o ajudava a não visualizar imagens familiares, ao menos, por alguns momentos. Quanto maior a distração, menor seria aquela tormentosa dor visceral que o acompanhava. Apenas Verônica ligava e conversava por telefone, procurando levar uma palavra de conforto e estímulo ao amigo.

Entretanto, aos poucos e com o passar dos dias, Edgar foi se recuperando.

A Paixão Superficial

O tempo foi passando e, após alguns dias em casa e mais alguns dias de trabalho, Edgar foi retomando seus hábitos. Ele voltava à noitinha para seu apartamento, ainda distraído entre o mundo terreno e o mundo da tristeza, quando observou algo estranho próximo da entrada de seu prédio. Voltando rapidamente ao mundo real, percebeu que um homem claro, esguio e trajado de preto, um que ele já havia visto há pouco tempo, arrastava pelo braço uma mulher em direção a um automóvel parado na calçada. Não teve dúvidas: era Mônica e em perigo!

Edgar desceu rápido do carro com a respiração presa e os dentes travados, e pôs-se a correr e a gritar na direção daquela luta. O homem, diante da aproximação de Edgar e da resistência física de Mônica, largou seu braço e moveu-se rápido em direção ao carro, saindo sozinho e em disparada pouco antes da chegada de Edgar.

Assim que Edgar se aproximou, amparou Mônica e ela o abraçou forte e ternamente como um agradecimento de alívio por ter se livrado daquela situação terrível.

Veja como é a vida, de repente, Edgar estava ali, com aquela deusa do mistério em seus braços, com o coração batendo mais rápido, a ponto de ouvir sua oscilação e vendo iniciar sentimentos que há muito não sentia. Após buscar as melhores palavras para falar, finalmente saiu:

– Mônica! Finalmente reencontrei você, estava preocupado. O que está acontecendo? Como posso ajudar? Quem era aquele homem?

– Quanto menos você souber, melhor, Edgar! Eu não quero que corra perigo. Estou há tempos tentando recuperar a caixa para que eles não machuquem você. Por favor, me devolva antes que alguém a abra.

Meio engasgado e preocupado, revendo a ação cometida, Edgar respondeu em tom de desculpa:

– Pois é, preciso lhe dizer, é que fiquei tão preocupado em querer lhe ajudar que acabei abrindo a caixa!

– O quê! – respondeu Mônica atônita. – Você não tem ideia do que fez, Edgar! Não me diga que você leu o livro?

Ao perceber o silêncio culposo de Edgar, ela disse:

– O quê! E agora! Não tem jeito! Certamente eles já sabem que você leu! – afirmou Mônica, fatalista quanto ao resultado daquela ação e pressentindo o perigo.

– Por que eles sabem que eu li? – perguntou Edgar confuso.

– Porque você mudou e eles percebem.

– Eles quem? Quem são eles? – perguntou o ameaçado Edgar.

– Olha! Mudou tudo – disse Mônica. – Agora não adianta mais. Você corre perigo e estamos no mesmo barco. Não me diga que mais alguém sabe... O quê! – disse já fazendo a leitura de seus olhos.

– Quem, Edgar? – perguntou.

– É Verônica, uma amiga minha. Eu deixei o livro na casa dela.

– Ai, Edgar, vocês agora correm perigo. O que eu fui fazer com você?! – falou abraçando-o novamente com aquela ternura calorosa.

Edgar estava tonto. Na verdade não conseguia sentir medo. Por alguns instantes, inclusive, esqueceu a tristeza pelo passamento de sua mãe. Na realidade, só conseguia pensar naquele perfume que nunca cheirou igual ou naquele longo cabelo negro de brilho ofuscante que via à frente de seus olhos, fora o toque e maciez daquele corpo feminino perfeito encostado ao seu. Com tudo aquilo nos seus braços, só conseguia pensar no seu coração disparado e no frio em sua barriga. Mônica conseguia estar mais linda do que da primeira vez que a viu. Foi apenas em um instante de sobriedade que visualizou uma situação e conseguiu dizer:

– Então, por que não subimos até o meu apartamento e elaboramos uma estratégia para esta situação? Você aproveita e me conta tudo.

– Não dá, corremos perigo aqui. Correremos ainda mais perigo estando juntos. Eu vou precisar contar muita coisa para você, mas não agora. Precisamos despistá-los. Vá para a casa de sua amiga Verônica e logo eu os encontrarei – falou Mônica decidida, e subitamente se aproximando de Edgar para beijar-lhe o rosto muito próximo de sua boca, quase em cima. – Eu te encontro! – disse, afastando-se rápido e não lhe permitindo a chance de segui-la.

Edgar ficou ali, parado. Sua vontade era devorar Mônica, tamanho o seu desejo. Já não tinha a menor dúvida de que estava apaixonado por aquela intrigante e linda mulher. Contudo, muito preocupado com toda a situação e vendo cenários de perigo, e também, naquela altura dos acontecimentos, preocupado com a situação de Verônica sozinha em seu apartamento, Edgar partiu em direção ao encontro de sua amiga, pois também queria compartilhar com ela as últimas novidades.

Ocorre que, a essa altura, Edgar conversava freneticamente consigo mesmo e tentava ouvir seus próprios conselhos. Percebia uma ligação em toda essa história, mas ainda não conseguia visualizar por completo. Havia algo martelando em sua cabeça, mas ainda não entendia toda a ligação entre os acontecimentos. Fora o mistério daquele livro. O fato é que, com tantas coisas dentro de sua mente, acabou repensando seu trajeto durante o caminhar, e decidiu procurar no calçadão seu banco de cimento filosófico e tentar terminar essa conversa interior antes de procurar Verônica.

Reconhecendo a Ilusão

Já sentado confortavelmente em seu amigável banco de cimento, Edgar visualizou, próximo dali, um homem cuja vestimenta branca se fazia notar claramente, naquela noitinha um tanto escura, em que pesasse a boa iluminação por toda a praia. Logo teve certeza tratar-se de seu Branco, aquele estranho que acabou como seu confidente dias atrás. Em um estalo, Edgar logo viu uma ótima oportunidade de conversar com ele e tentar organizar o imbróglio. Ouvir aquela sabedoria seria ótimo. Levantou-se, aproximou um pouco e o chamou:

– Seu Branco! – fazendo sinal para ele se aproximar.

Simpaticamente, como de costume, Branco veio em sua direção demonstrando um caminhar elegante, suave, e com um tenro sorriso na face de um ar amigável. Ao esperar um aperto de mãos, Edgar também recebeu daquele cavalheiro um cordial afago com a mão esquerda em seu ombro direito, o que o fez ter certeza de ter feito a escolha certa ao chamá-lo. Comentou:

– Caro Branco, como está? Tudo bem? Eu gostaria de falar-lhe sobre aquela situação, está lembrado? Podemos nos sentar? – apontou para o confessionário banco de cimento.

– Claro que sim! – respondeu indubitável e amigavelmente seu Branco. Ali se sentaram e Edgar lhe contou em detalhes tudo o que havia acontecido desde a última conversa que tiveram, atualizando seu Branco de todas as novidades. Edgar sentia em seu peito que aquele sábio senhor era confiável e o via como uma figura magistral que o auxiliaria a encontrar respostas e soluções. Estava ali para falar, mas também na esperança de ouvir sábios conselhos.

– E então, Branco, o que acha? E esse livro?

– Certo. Vamos falar um pouco do livro – disse seu Branco. – Diga-me, o que você achou do que leu?

– Bom – disse Edgar –, a verdade é que essa pequena parte do livro mexeu comigo. Fez-me refletir sobre muitas coisas, principalmente em um momento de convivência com a dor pela recente perda de minha mãe. Entretanto, eu tenho dificuldade de encarar o mundo como uma ilusão, como propõe o livro, pois algumas coisas doem na carne. Contudo, sem dúvida que aquelas palavras tiveram um efeito sobre a minha forma de ver o mundo e continuam tendo. Na verdade eu li o capítulo apenas uma vez, porém, estranhamente, ele não sai de minha memória e parece tocar meu coração de vez em quando. Eu ouço aquelas palavras com frequência, principalmente quando estou distraído. Em resumo, o livro mexeu comigo.

Ouvindo atentamente Edgar, Branco lhe respondeu:

– Eu vejo que este capítulo do livro foi tão importante para o seu ser que você conseguiu descrevê-lo para mim com detalhes. Praticamente li o livro com sua descrição e senti suas emoções aflorarem de seu interior. Eu já fiz muitas coisas na vida, também já vi e ouvi muito mais do que esperava conhecer em minhas viagens por várias partes do mundo e, portanto, compreendi o que você relatou sobre o livro e concordo muito significativamente com aquelas palavras. Ao contrário de você, amigo Edgar, não tenho nenhuma resistência em aceitar esta dita realidade como uma ilusão, inclusive, creio nisso com convicção. Não há um só dia em que acorde que eu não veja o mundo de uma forma sutil, mutável e dependente de nossa consciência. Mesmo quando estou moderninho e em frente a um computador, consigo ver a divisão proposta no livro. Lembro-me de que toda aquela imagem virtual, produzida no interior da máquina, possui em sua origem a combinação de apenas dois *bits*, no caso o "0" e o "1", que em combinações multibinárias criam programas que geram formas e, em última análise, toda a realidade virtual. Tudo começa com essa combinação. Vou ainda mais longe, há por trás dos *bits* um sinal luminoso fotônico que se desprendeu de algum lugar e gerou as divisões. Veja como esta história lembra o livro. Então, por que nossa realidade também não pode ser assim?

– Interessante comparação – concluiu Edgar.

– Vou ainda mais longe – disse Branco. – Estou com uma boa leitura de dois cientistas muito influentes no que foi denominado de Teoria do Universo Holográfico. Um deles é um neurocientista chamado Karl

Pribam, que afirma que todos os nossos sentidos e o nosso cérebro são construídos para interpretar os sinais do mundo exterior de maneira holográfica, ou seja, o funcionamento do nosso cérebro é idêntico ao funcionamento de um holograma, captando imagens que são refletidas e que geram uma forma tridimensional. Então, nosso cérebro também funcionaria assim, construindo em seu interior imagens que são reflexos do um mundo exterior, sendo que esse mundo externo na verdade possui um formato desconhecido, e apenas quando as imagens chegam ao interior de nosso cérebro é que aparentam ser o que vemos. O outro cientista é um famoso físico quântico chamado David Bohn, que alegou, após ter estudado o comportamento do plasma ou o quarto estado da matéria, que existe uma ordem implícita no Universo. Ou seja, mesmo um plasma que parece a princípio ter uma desordem de formas, na realidade quando acompanhado de perto, demonstra que os elétrons em sua composição seguem uma movimentação ordenada e inteligente. É como se dali estivesse surgindo uma forma. Em outras palavras, existe uma organização implícita que resultará em uma organização explícita que são as formas como conhecemos. O plasma é uma transição, ou talvez a construção de um programa em andamento, ou talvez, a criação de uma nova ilusão sendo estruturada. O fato é que existe ordem e inteligência mesmo onde não parece ter. Outro fato, Edgar, perceba que a física quântica já descreve a matéria como a "luz densificada" e, portanto, um mundo muito mais sutil do que parece. Nesta lógica, o que o Mestre das Ilusões fez foi desacelerar a vibração Onisciente por meio da separação, ele diminuiu a vibração mexendo em sua frequência e na intensidade que define seu brilho. Assim, tudo indica, realmente, que o propósito do plano ao criar movimento é gerar a aceleração vibracional que alimenta o brilho Onisciente, como foi escrito no livro, faz sentido.

– Caramba, seu Branco! O senhor entende bastante de ciências! E tudo isto faz muito sentido mesmo. Mas, se nossa realidade é holográfica e se o mundo é uma ilusão criada por nós mesmos, por que as coisas são tão difíceis? – perguntou Edgar, ao mesmo tempo já buscando interiormente algumas respostas do livro. Logo continuando a perguntar para confirmar e ouvir seu Branco:

– Por que essa vida é tão sofrida e por que não mudamos tudo de acordo com nossa escolha?

– Edgar – disse pacientemente seu Branco. – Pelo que você me relatou do livro, muitas destas respostas você já possui, mas vamos conversar. Se falarmos de criação divina, ou de programação virtual, ou de um filme holográfico, dá no mesmo e existem pontos em comum. De qualquer maneira, perceba que sempre haverá um campo de criação, que o livro chama de Onisciência, e também sempre haverá a emissão de um sinal luminoso criador ou código fonte, que neste caso seria o próprio Mestre das Ilusões e, ainda, uma divisão inicial de pares que podemos chamar de matéria e antimatéria, côncavo e convexo, masculino e feminino, zero e um, Yin e Yang, e por aí vai, ou até como foi dito no livro como a consciência e a beleza. É necessário que essas divisões sejam criadas para que possam ser combinadas, agrupadas e transformadas em formas. Parece que esta movimentação é necessária para a própria Onisciência. Então, vamos partir do princípio de que nós somos criadores e criaturas ao mesmo tempo. Somos criaturas, por termos separadas em nosso interior o que o livro chamou de consciência e beleza, ainda que em estado primitivo. E somos criadores à medida que temos a capacidade de, como consciência, elaborar uma nova ilusão para que este nosso personagem físico, ou esta figura que vemos quando estamos diante do espelho, possa vivenciar esta ilusão criativa com o intuito de aprender coisas novas e mais evolutivas ou de desaprender coisas antigas e pesadas que carregamos conosco. Não lhe parece que o sofrimento vem daí? De coisas antigas e pesadas que carregamos?

– E por que não mudamos esta situação se temos a capacidade de criar? Por que não criamos o paraíso? – interrompeu aflito, porém interessado, Edgar, contudo, logo voltando à palavra ao Mestre Branco.

– Ora, Edgar! – responde Branco. – No livro isso parece que ficou claro como o azul do céu. Nós estamos inseridos dentro de um plano da criação ou dentro de um jogo programado para a nossa evolução. O mundo nos parece concreto, mas também é uma Ilusão, isto é o que foi dito no livro, segundo o que me contou. Na realidade, parece que a criação do mundo concreto também inicia em uma criação ilusória mais sutil no âmbito de nossos pensamentos. Lembra do que disse Karl Pribam e do plasma de David Bohn? O plano da criação não é tão simples assim, do tipo pensou e criou, resolvendo todos os nossos problemas. Existe uma consciência que está evoluindo, fazendo escolhas e que estão sendo diariamente manipuladas em um jogo, que o livro atribuiu entre os Ilusionistas Evolutivos e Involutivos. As escolhas erradas, fruto de ilusões manipuladas por enganadores, nos levam ao sofrimento e aos dissabores da vida, mais cedo ou mais tarde. Você não sente isso como verdade?

– Sinto. Tenho certeza disso. Mas parece que no dia a dia a gente esquece. Será que é obra desses ilusionistas involutivos?

– Talvez – diz Branco. – O fato é que pensamos que nossas escolhas são livres de qualquer influência e isso não parece ser verdade. A realidade é que essas escolhas são o resultado da expansão de nossas consciências e da busca dos caminhos que fazemos olhando o conteúdo disponível de informações armazenadas no nosso interior, e tudo sendo influenciado por sugestões condicionadoras.

– É o que eles falam sobre o inconsciente?

– Exato. Parece que somos bombardeados por sugestões e metáforas que ficam impregnadas em nosso inconsciente. Aliás, parece que a maior parte do trabalho de manipulação é feita em nível implícito e subliminar, o que é um tipo de comunicação direcionada exatamente ao inconsciente, e é lá que iremos buscar as informações que vão moldar nosso sistema de crenças, vão induzir nossa consciência e também vão produzir nossa ilusória realidade, esta que acreditamos experimentar em nosso cotidiano.

– Quer dizer então, Branco, que não temos livre-arbítrio?

– Não disse isso, Edgar. Creio que possuímos um livre-arbítrio limitado à expansão de nossa consciência, ou seja, quanto mais imaturos conscienciamente nos encontrarmos, maiores serão as chances de fazermos as escolhas erradas e buscar em nosso banco de dados do inconsciente informação manipulada e condicionadora de um sistema de crenças que talvez já não queiramos manter.

– E o que você acha que aconteceria se todos nós aprendêssemos a fazer as escolhas certas ao mesmo tempo? – perguntou Edgar.

– Provavelmente mudaríamos instantaneamente todo o Plano de Consciência ou esta realidade como conhecemos – respondeu Branco. – Parece-me, caro Edgar, que estamos todos em um estado de grande sugestão hipnótica coletiva e "acreditamos que o mundo é como nos fizeram acreditar que ele deve ser", por isso a realidade é como é. Se despertássemos do transe hipnótico, provavelmente toda a construção desta imaginária realidade ficaria instável e se dissolveria, passando a ser aquilo que representaria a nossa nova crença. Aliás, o despertar parece decorrer de uma aceleração vibracional, então a separação lentificou, retirou vibração, mas ao mesmo tempo criou um processo de aceleração, tendo o movimento como objetivo.

– Nessa teoria, então, a realidade que experimentamos seria o resultado do consciente coletivo? – perguntou Edgar, compreendendo agora a linha de raciocínio.

– Perfeito! – afirmou Branco. – O consciente coletivo manifesta a realidade experimentada, ou o mundo como conhecemos, sendo que esse consciente coletivo parece ser uma manifestação do inconsciente coletivo, que por sua vez está impregnado por sugestões manipuladoras de nossas escolhas. A média aritmética de expansão de nossas consciências – disse seu Branco com bom humor – define a realidade da forma que é e define o plano de consciência que acreditamos existir. Parece que dependemos uns dos outros para criar um mundo melhor, meu caro. Experimentamos uma sobreposição de consciências. Temos que vencer a manipulação. É a consciência quem cria a realidade, inclusive o personagem que conhecemos como o "eu".

– Perfeito, Branco! Entendi e agora vejo coisas que já sentia serem verdadeiras. Impressionante como eu estava tenso e preocupado. Agora me sinto relaxado após ouvir suas palavras e que possuo uma nova visão da realidade, uma realidade mais sutil.

– Obrigado pelas palavras e pela companhia, amigo Edgar. Também aprendi muito com esta conversa. Agora eu preciso ir ao encontro de outro compromisso que havia assumido. O fardo de nossas vidas também nos ancora por aqui. Mas lembre-se: estou sempre por aqui nestas horas e, quando precisar conversar, me procure. Espero que vocês estejam em segurança, cuidem-se!

Edgar achou fantástica a conversa com seu Branco e por ele continuaria a noite inteira, ouvindo e realizando aquele conhecimento precioso que enchia seu peito de energia e desembaçava sua visão, porém também estava preocupado com o horário e com a segurança de Verônica, naquela altura dos acontecimentos. Recompôs-se e, voltando a esta realidade concreta, saiu em um caminhar rápido ao encontro do prédio de Verônica.

Ressignificando a Beleza

Ao chegar ao apartamento, Verônica veio recebê-lo com surpresa, uma vez que há vários dias se falavam apenas pelo telefone. Contudo, seu sentimento era de alegria e saudade por receber Edgar, a qualquer hora do dia ou da noite.

Quando Edgar entrou no apartamento e observou Verônica, por alguns segundos notou algo diferente e que nunca havia percebido na amiga: o seu corpo. Ocorre que, talvez por ter sido pega desprevenida, Verônica estava vestindo um delicado pijama rosa, um pouco transparente, deixando ver sua silhueta. Edgar disfarçou e rapidamente tirou os olhos envergonhados de sua melhor amiga, sentindo-se culpado por sua atitude profana.

Verônica não era uma mulher dotada de uma beleza de parar o trânsito, porém também estava longe de ser feia. Possuía um corpo magro por inteiro, que parecia ainda mais magro pelas roupas casuais e largas que costumava usar. Ela nunca foi de muita vaidade. Tinha uma tez clara e um cabelo castanho encaracolado à altura dos ombros. O rosto não exibia um grande sorriso convidativo, porém seu sorriso tímido e sem apresentar largamente todos os dentes tinha seu charme. Os olhos levemente arregalados revelavam sua personalidade esperta e inteligente. Edgar nunca esteve interessado em perceber nada disso na amiga, a não ser por aqueles segundos. Quem sabe viu um "Q" de feminilidade em Verônica, o que nunca reparou antes. Porém já passou, ou talvez tenha sido apenas o impacto emocional dos últimos acontecimentos e dos vários dias sem encontrá-la.

Começaram a conversar e Edgar estava ansioso para pular as cordialidades e ir direto ao assunto, ou seja, o último encontro com Mônica e a longa conversa com seu Branco. Compartilhar era aliviar o peso nas costas. Saltou os entremeios e passou ao que lhe interessava dizer de forma a aliviar sua mente, seu peito e sua garganta, contando à amiga tudo o que lembrou em sua revisão mental. E ela se interessou pelos dois assuntos.

Em relação às revelações de Mônica, Verônica também ficou com as mesmas dúvidas e receios de Edgar. A ideia de estar em perigo e não saber quem são "eles" era ao mesmo tempo perturbadora e também provocante para alguém com o perfil de Verônica. A verdade é que no fundo de seu peito ela estava orgulhosa por estar envolvida nessa história animada e ainda ser a portadora do enigmático livro. O fato é que nos últimos dias ela vinha sentindo um calor de excitação pela aventura em que estava envolvida e isso era vida.

Quanto à conversa que Edgar manteve com seu Branco, ela revelou que esta informação aqueceu seu coração. Disse a Edgar que já havia lido o livro várias vezes, e que quanto mais lia aquelas páginas mais significado havia para ela e mais ela ressignificava antigos conceitos. O livro vinha fazendo muito bem a sua alma. Na verdade, ela começava até a acreditar que aquelas palavras eram realmente de origem divina, tamanho foi o toque em sua essência. Via em seus sonhos multicoloridos figuras exuberantes, seres iluminados, e os identificava como os Ilusionistas Evolutivos do livro. Não cansava de ouvir aquelas palavras mesmo depois de ter fechado o livro. Também estava muito curiosa pelo tal de seu Branco, de quem seu amigo tanto falava, e não via a hora de também conhecê-lo; afinal é o tipo de pessoa de que ela gosta. A linha de raciocínio e a análise que seu Branco havia desenvolvido, a partir das informações do livro e da conversa com Edgar, eram a mesmas que ela havia refletido nos últimos dias. Concordavam em tudo e precisavam desenvolver mais a reflexão, pois a euforia que sentia por todo seu corpo lhe dizia isso.

Verônica informou a Edgar que havia feito algumas pesquisas sobre o livro e sobre as pistas das rasuras, pois tinha o objetivo de encontrar as partes que faltavam e completar este delicioso saber; também havia olhado com profundidade alguns livros, bem como pesquisado em diversos *sites* na internet, até ficar com os dedos doloridos. Tinha muita informação para discutir. Ouviu, inclusive, um amigo professor de filosofia para entender certas passagens do texto, obviamente sem entrar nos detalhes da trama com o acadêmico. Estava com a cabeça cheia de ideias e fervilhando de vontade de debater sobre o assunto.

Como Edgar já conhecia o cérebro acelerado da amiga e sua capacidade de entregar-se de corpo e alma para atingir seus objetivos, logo previu que coisa interessante viria por aí. Entraram numa animada conversa:

– E então, me diz o que descobriu? – disse Edgar curioso.

Verônica encheu o peito de ar e se preparou para falar. Havia tanta coisa. Tentava sentir por onde começar:

– Tá, vamos por partes, lembra-se do trecho em que o Mestre das Ilusões diz que já o chamaram de Hades?

– Sim – respondeu Edgar. – Porém, ele disse que preferia ser chamado de Mestre das Ilusões.

– Exato! Então fui pesquisar sobre Hades e descobri tratar-se de um deus da Mitologia Grega, vi alusões a Hades como aquele que era chamado de "o invisível", ou, em outras ocasiões, como "aquele que separa", que é a origem da palavra Diabo, diga-se de passagem, só que em um contexto totalmente diferente do que estamos acostumados. Hades era o deus do submundo, ou mundos internos, e era temido pelo poder que tinha de manter os homens em seu mundo. Porém, Hades era um Deus. Ouvi a história de meu amigo filósofo e ela me trouxe *insights* sobre o escrito no li-vro. Na realidade ele quer ser chamado de Mestre das Ilusões, mas diz que já o chamaram de Hades e o confundiram com o que não presta, tentou mostrar que isto não o define e está errado, entretanto, ao mesmo tempo ele diz ser o separador e também afirma ser ele mesmo uma criação inicial única. Minha intuição e raciocínio apontam que o Mestre das Ilusões na realidade é um terceiro aspecto da criação. É como se ele fosse a partícula luminosa original desprendida e que, em seguida, gerou a divisão matricial.

– É – disse Edgar pensativo. – Seu Branco me falou também da divisão pelo aspecto da matéria e da antimatéria e estas, se me lembro de minhas aulas de física, derivam do fóton, que por sua vez é uma partícula de luz que se manifesta a partir da onda luminosa. Está começando a fazer sentido, entendeu? Onda, fóton, matéria e antimatéria...

– Claro, Edgar! Também entendo um pouquinho de física quântica. Todo psicólogo é metido a saber disso! Concordo com você e faz sentido.

O Mestre das Ilusões praticamente diz ter sido manifestado para dividir, combinar e criar continuamente e que a ilusão mantém os homens em seu mundo, ou submundo das ilusões.

– Ou seja, o submundo é aqui – disse Edgar complementando e interrompendo. – Porém, o Mestre das Ilusões não disse querer manter os homens ou as consciências individuais presas aqui, o que ele disse é que o plano prevê uma evolução, que seria uma espécie de porta de saída da enganação, dependendo de nossas escolhas e bagagens. Então ele não quer manter ninguém preso, como parece ser esta história de Hades e da Mitologia Grega. Outra coisa interessante é como foi distorcida a origem da palavra Diabo, ou "aquele que separa", não tem nada a ver com "o coisa ruim" que aprendemos a temer. Vivendo e aprendendo!

– Pois é. O Mestre falou que nós vivemos separando, então somos diabinhos, não é? – disse Verônica, rindo de sua própria brincadeira.

– Eu também refleti sobre este negócio de separação – continuou Verônica. – Mesmo sem exercer a psicologia, ainda sou da área e tive uma visão de que o profissional da saúde e o paciente também representam uma divisão, e um precisa do outro. O médico precisa doar a cura e o paciente necessita recebê-la, enquanto, por outro lado, o paciente doa seu corpo ao pedir ajuda com a doença, e o médico o recebe preenchendo-o com a cura. Olha que visão bonitinha do plano da criação! É como se fosse um bailado da vida no qual as partes desdobradas continuamente se atraem e se juntam, depois se juntam a outra coisa e assim continuamente, tudo contínuo, passageiro e mutável, bastante ilusório mesmo.

– Legal – disse Edgar. – Gostei desta visão! De fato, a gente consegue ver um balanço vivo entre as partes opostas; é como se o bom e o ruim, a cura e a doença, o dar e o receber parecessem estar sempre em contínuo movimento. A dualidade tem movimento. Um movimento criativo. Interessante esta percepção!

– Realmente – disse Verônica – talvez não tão realmente assim, consertando bem-humorada. – Como psicóloga, eu sempre vi a doença emocional dos pacientes como um vazio que precisava ser preenchido com coisas novas e motivacionais. Sempre entendi a profissão de psicólogo como um preenchedor de espaços emocionais de valores que foram retirados da vida dos pacientes. Agora entendo que tudo que eu possa oferecer para motivar e preencher meu paciente também terá um caráter ilusório. De fato, o vazio de meu paciente é um processo de renovação, pois ele deixou coisas velhas para trás e precisa de coisas novas. Agora eu entendo que todos nós precisamos de coisas renovadas e que nos pareçam mais belas. Aliás, na verdade, o que aconteceu foi que nossa consciência evoluiu e ressignificou a beleza, é um processo de atualização. Ou seja, foi nossa consciência em seu processo de expansão que transformou sua atual ilusão em uma ilusão velha e sem beleza e agora ela procura o que lhe pareça belo novamente, ou de acordo com sua nova compreensão da beleza. Inclusive, podemos definir essa beleza como uma história poética que contamos todos os dias e chamamos de realidade, ou nosso plano de consciência. De fato, a consciência e a beleza estão dentro de nós e também estão nesse bailado criativo e ilusório. Vejo isso claramente agora. Sinto que posso oferecer aos meus pacientes, esvaziados de seus antigos valores, novas ilusões com uma beleza que seja significativa para sua nova consciência. Sinto isso no meu peito, Edgar. Vejo isso para minha vida – disse Verônica já com os olhos lacrimejantes. – Creio que posso voltar a clinicar e fazer algo importante pelas pessoas.

Edgar estava ouvindo atentamente e de boca aberta. Conseguiu viajar junto às reflexões de Verônica e experimentar todas aquelas emoções. Estava muito feliz por sua amiga reencontrar a alegria em sua profissão e ao mesmo tempo estava com o coração tocado, sentia um carinho fraternal que nunca havia sentido por mais ninguém. E ali, com todo esse sentimento acumulado, Edgar olhou fixamente para Verônica e disse:

– Eu estou apaixonado por Mônica!

Rapidamente, voltou-se para dentro de si e refletiu por que falou aquilo bem naquele instante, o que parecia muito sem sentido. Entretanto, lá no fundo, Edgar, mesmo sem ter consciência do fato, criou um mecanismo de defesa de algo que já estava começando a crescer em seu interior e ele não sabia como lidar, e não era exatamente a paixão por Mônica.

– O que disse? – perguntou Verônica desfocada.

– Eu acho que estou apaixonado por Mônica, Verônica. Ela é a mulher mais linda que eu já conheci.

Um pouco diminuída, mas sem perder a pose, Verônica controlou a vontade de tacar na cabeça de Edgar o jarro de vidro vermelho que estava na mesa à sua frente, bem como controlou também o engasgo daquela revelação desconfortável; recompôs-se e falou:

– Que legal, Edgar, parabéns! Vocês estão namorando? – perguntou Verônica tentando investigar a situação do relacionamento.

– Não, ela nem sabe disso! É que eu estou desabafando para você que é minha amiga, pois Mônica é fantástica, um mulherão, toda turbinada, eu estou louco por ela...

Edgar continuou falando de Mônica para Verônica, que o ouvia atentamente e também visceralmente incomodada, mesmo sem saber o porquê. Ela teve que ouvir toda aquela "babação" sobre a beleza infinita de Mônica, etc. Já quase a odiava sem mesmo conhecê-la. E Edgar continuou a contar tudo em detalhes.

– Pois é, Edgar, eu penso que você deva contar isto para ela assim que a encontrar, se é que ela vai reaparecer – torceu Verônica.

– Isso mesmo – disse Edgar. – Se eu tiver coragem e oportunidade, farei isso, só que ela se esvai entre meus dedos sempre antes que eu perceba. Além disso, precisamos de muitas respostas, inclusive sobre quem são "eles" e por que corremos perigo.

– Então tudo bem, Edgar! – falou Verônica com um tom conclusivo de quem já estava meio aborrecida naquela altura da conversa. – Acho melhor você dormir aqui. É mais seguro e amanhã pensaremos no que fazer. Hoje já estou cansada!

Mexendo-se mais rápido do que de costume Verônica trouxe uma coberta e um travesseiro e jogou sobre o sofá da sala, indicando onde Edgar iria dormir. Rapidamente foi para o quarto com um seco "boa-noite", empurrando a porta com um pouco mais de força para fazer barulho ao fechar.

Edgar achou tudo meio estranho, mas também estava cansado e sua melhor amiga tinha muito crédito para esquisitices, e, afinal, o dia seguinte seria sábado.

A manhã de sábado apresentava um dia de inverno com a temperatura bem moderada e um "céu de brigadeiro". Edgar acordou com o piar de passarinhos que brincavam em uma árvore ao lado do prédio. Interessante que o som dos pássaros predominava sobre o som do trânsito vindo das ruas de baixo. Acordou animado com um dia tão inspirador, com uma profunda e reparadora noite de sono. Com a "alma" e o rosto lavados, puxou a maçaneta do quarto para procurar Verônica. Eis que a viu sentada no sofá da sala lendo um livro e transparecendo já estar acordada há horas. Notou algo muito estranho na amiga. Olhou bem para Verônica e só conseguia ver um escandaloso batom vermelho mal espalhado sobre os seus lábios finos. Não se conteve e perguntou:

– Que é isso, Verônica! – disse enfático antes mesmo de dizer bom-dia.

– Isso o quê? – respondeu ela se fazendo de distraída e desinformada.

– Isso aí na sua boca!

– Ah, é batom – levantou-se e exibiu uma roupa inédita bem colada ao corpo e com um decote agressivo.

– Que é isso?! – interrogou novamente Edgar. – Mudou o visual?

– Por quê? Não gostou – respondeu suavemente.

– Acho que não combina com você. Não estou acostumado a te ver assim. Não, não... ahh deixa para lá!

Sem aparentar dar bola para a reação de Edgar, Verônica se encaminhou para a mesa localizada na cozinha conjugada de seu apartamento e o chamou para tomarem o café da manhã que já estava todo preparado.

Ali se alimentaram. Edgar ficou olhando estranhamente para Verônica e ela fazendo pose, com caras e bocas. Realmente a estratégia de Verônica funcionou e Edgar, meio chateado com a situação, não quis mais saber de falar nada sobre seus sentimentos em relação a Mônica.

Parte III

"Não se mantenha nesta parte da sabedoria se não for um vencedor."

Mestre das Ilusões

3.

A Armadilha Dual

A Polarização no Mal

Mudando o clima, retomaram o assunto da aventura em que se meteram, pois estavam até o pescoço nessa confusão e não viam a hora de planejarem o próximo passo. Verônica foi direto ao ponto de forma racional e concluiu:

– Edgar! Não podemos ficar esperando Mônica aparecer para nos esclarecer sobre o que está acontecendo. Precisamos agir! O que faremos agora?

– Não sei o que podemos fazer – respondeu Edgar. – Será que de acordo com estas pistas que você pesquisou não há algo que possamos seguir?

– Bom... – refletiu Verônica – aquele escrito do "continua com os diagramas" não me revelou muita coisa, inclusive não tenho certeza se a palavra é realmente diagramas. Já olhei até com uma lupa e não consigo decifrar a caligrafia com certeza. Então, também não sei que caminho seguir.

– Ok – conformou-se Edgar. – Então vamos fazer assim: vamos sair para arejar, dar uma passada lá em casa para ver como estão as coisas e depois iremos almoçar. Quem sabe pensaremos em algo por aí!

Como o prédio em que Edgar morava estava no mesmo bairro que o de Verônica, aproveitaram para fazer uma caminhada e dar uma "engrossadinha" nas pernas. O céu aberto revelava um belo dia de sábado, e o toque do calor do sol sobre suas peles, durante a caminhada, era extremamente agradável, principalmente pelo fato de ser inverno e a temperatura estar amena. Entretanto, uma coisa chamou a atenção dos aguçados sentidos de Verônica: cada rua e esquinas em que eles viravam, ela tinha a percepção de que um automóvel preto os acompanhava. Quando revelou o fato para Edgar, ele sentiu um frio na barriga e lembrou-se do carro preto do tenebroso homem vestido também de preto que andava perseguindo Mônica. Então, logo levantou sua guarda e entrou em estado de vigilância, pedindo a mesma atitude a Verônica. Passaram a se deslocar aleatoriamente com a intenção de despistar o possível perseguidor e, ao mesmo tempo, tentando confirmar a perseguição. Porém, não havia dúvida, durante um bom tempo conseguiram discretamente ver o automóvel preto os seguindo. Edgar já havia inclusive confirmado ser mesmo o carro que tentou sequestrar Mônica. Havia um medo no ar, porém internamente se sentiam confiantes e seguros, afinal estavam um com o outro e, juntos, se sentiam mais fortes. Naquele vaivém, repentinamente o carro desapareceu, parecia tê-los perdido. Pararam então em um boteco de esquina para beber um suco e confirmar o desencontro com o sinistro veículo preto, porém permanecendo em estado de vigília. A atenção era tão profunda que só perceberam o passar dos minutos pelo som que o canudinho do suco fez ao terminar a bebida no copo. Os dois terminaram juntinhos, olharam um para a cara do outro e acharam a situação até meio engraçada.

Confirmando o desaparecimento do automóvel ameaçador, decidiram voltar a caminhar em direção ao prédio de Edgar, só que dessa vez com atenção redobrada. Apenas uma coisa estava diferente no ar. Finalmente havia surgido a pista que procuravam e isso ficou claro quando a esperta Verônica falou:

– Legal, agora já temos um caminho a seguir.

– O quê?! Qual? – perguntou o ansioso Edgar.

– Eu tenho uma ótima visão e, mesmo de relance, consegui gravar a placa do carro – disse Verônica sorridente e orgulhosa, quase levitando.

– Uau! Que ótimo! – disse Edgar, ouvindo exatamente o que precisava ouvir. – Já sei o que fazer: vamos tentar a ajuda do detetive Lauro da Polícia Civil. Foi ele quem fez o boletim de ocorrência em meu apartamento. Isso! Agora vai! Você é dez, Veroniquinha! – agarrou a amiga e deu-lhe um beijo na face, para logo em seguida e, rapidamente, largá-la e recompor-se.

Chegaram ao apartamento de Edgar com tudo calmo e sem perseguições. Ao respirarem aliviados, Edgar procurou o cartão que o detetive Lauro havia deixado e ele havia largado por ali. Localizou, ligou e ele atendeu. Contou ao detetive que um carro esteve seguindo-o enquanto passeava pelo bairro nesta manhã de sábado, que estava angustiado e que tinha certeza de que se tratava de algo suspeito. Obviamente Edgar continuava a omitir a existência de Mônica para o detetive. Aproveitou e explicou a Lauro que se sentiu ameaçado e que havia anotado o número da placa.

O experiente detetive Lauro, por sua vez, sentia que havia algo mais a ser revelado por Edgar e ele estava ocultando, porém ouviu tudo sem questionamentos como que aguardando para se posicionar no momento certo. Anotou o número da placa e prometeu localizar o proprietário do veículo, bem como combinou de retornar a ligação assim que tivesse alguma informação.

Edgar e Verônica decidiram ficar por ali um tempo para aguardar a ligação do detetive e também para darem um tempinho para almoçar.

Verônica, a essa altura, estava encostada no parapeito da janela da sala de Edgar admirando a vista daquele sétimo andar. Admirava o movimento da rua embaixo e da visão lateral da praia, pois era possível ver um pedaço do mar e até sentir o cheiro da maresia, mesmo naquela distância, concentrando-se um pouco mais. Edgar ficou um pouco em silêncio vendo sua amiga naquela posição e imaginado o que poderia estar passando naquela cabecinha inteligente. Rapidamente Verônica se virou e viu o amigo a observando, porém não sentiu vontade de fazer nenhum comentário a respeito, apenas sorriu suavemente caminhando para o centro da sala e sentou-se em uma das cadeiras da mesa. Por alguns minutos, pareciam ficar sem ter o que dizer um para o outro, até que o telefone tocou.

Era o detetive Lauro que, de forma ágil e competente, já havia localizado no sistema a propriedade do referido automóvel, bem como observado algo surpreendente. O veículo pertenceria à Arquidiocese da Igreja Católica do município e, ainda mais, havia descoberto que a assinatura no documento do carro em nome da Igreja havia sido feita pelo próprio arcebispo. A informação deu um verdadeiro nó nas cabeças de Edgar e Verônica e, ainda, aguçou o perfil interrogatório de Lauro:

– Então, seu Edgar, o senhor imagina por que um veículo oficial da Igreja Católica o esteja seguindo? Tem certeza de que se trata deste veículo? Há algo que o senhor queira acrescentar?

Edgar engasgou, viu aquele dia claro ficar nublado, porém ouviu a voz da razão:

– Pois é, detetive, eu devo admitir que omiti algumas informações de coisas estranhas que aconteceram ultimamente e gostaria de encontrá-lo para conversarmos, é possível?

– Sim, é claro. Quanto mais o senhor me disser, maior segurança posso lhe oferecer. Irei almoçar em um restaurante aqui perto e mais tarde o senhor pode passar na delegacia. Eu o aguardarei então!

– Por favor, detetive, espere! Eu também estou de saída para almoçar. Será que podemos nos encontrar nesse restaurante? Aproveitarei para contar-lhe tudo, se não for incomodá-lo.

– Pode me encontrar lá. Será bom porque hoje à tarde estarei muito ocupado e ganharei tempo – respondeu Lauro passando a localização do restaurante. – Então nos encontraremos em 15 minutos!

Para Edgar, não havia mais para onde correr e o detetive Lauro poderia ser um grande apoio na busca por respostas. Afinal, Edgar não havia feito nada errado e não tinha o que temer. Estava com a mente limpa e o coração puro, bem como apenas imaginando formas de proteger uma mulher que precisava de sua ajuda. Partiu com Verônica para o encontro, com um sentimento de que as coisas começavam a se movimentar. Sentia-se bem mais leve.

Ao encontrar Lauro, Edgar apresentou-lhe Verônica, que também estava atolada até o pescoço no caso e aproveitou aqueles momentos para contar ao detetive sobre Mônica, sobre o livro e sobre o homem de preto. Contou tudo o que era relevante. Tirou de seu peito parte da responsabilidade autoassumida, ao dividir com o "braço forte da Justiça" a proteção de Mônica e Verônica e a sua também. Viu-se mais forte e confiante com a reação de Lauro. Edgar comeu pouco para poder falar mais, ao contrário de Lauro que comeu mais enquanto ouvia. Ainda assim, o detetive parecia estar atento, fazendo perguntas curtas e bem elaboradas.

O detetive Lauro preferia evitar emitir opiniões circunstanciais sobre suas investigações para estar mais atento aos detalhes, era um homem analítico. Gostava de guardar para si suas conclusões e se concentrar mais nas minúcias da investigação. Em sua vida nunca fez questão de ser afetivo e, talvez por isso, tenha escolhido ser um policial. Buscava não dar intimidade aos cidadãos que protegia, era um homem de poucas palavras, porém, via como missão e responsabilidade dar segurança às pessoas de bem. Ouviu Edgar com atenção e seu faro policial percebeu que havia algo realmente importante por trás da história. Era palpável. Acreditou em tudo o que foi dito por Edgar, por vezes acrescentado por Verônica, utilizando sua intuição de detetive. O caso era complexo, contudo havia em seu sangue um orgulho que o motivava, quanto mais difícil fosse o caso.

Até então tudo era mistério. Havia uma mulher misteriosa, um livro misterioso e um misterioso provável agente da Arquidiocese local. Era muito mistério junto, porém, àquelas alturas, era tudo que Edgar, Verônica e Lauro desejavam em suas vidas. O sangue estava bombeando rápido e quente em suas veias.

Após terminarem a refeição, ainda houve tempo para saborearem um café e repassar alguns detalhes. Lauro informou que, mesmo vendo uma situação de perigo, não poderia questionar a Arquidiocese nesse momento nem poderia destinar segurança pessoal para Edgar e Verônica, a não ser que comprovada maior ameaça ou tentativa de ataque.

Quanto a Mônica, nada poderia ser feito para encontrá-la nesse momento, por absoluta falta de informações a seu respeito. Passou, então, seu cartão para Edgar e Verônica com o número de seu celular e prometeu estar atento aos novos acontecimentos, bem como que eles deveriam informá-lo sobre qualquer novidade relativa ao caso, dia ou noite. Despediram-se com Lauro, interessado, e com Verônica e Edgar mais confiantes.

Edgar e Verônica combinaram de voltar para o apartamento dela e repensar o caso sob a luz das novas informações. Chegaram ao apartamento e Verônica estava doida para tirar aquelas roupas e aquele batom, que não tinham nada a ver com ela mesmo. Foi tomar um banho e voltou a ser Verônica, sem maquiagem e com sua confortável e comprida saia rendada. Já Edgar, espertinho, estava tirando uma soneca no sofá da sala quando Verônica saiu do banheiro ainda com os cabelos molhados e com alguns pingos de água escorrendo pelas costas. Foi então que a campainha tocou. A esta altura Edgar estava além de uma soneca e não se mexeu. Verônica ficou um pouco preocupada com quem poderia estar do outro lado da porta, porém, aventureira, decidiu olhar pelo olho mágico antes de acordar Edgar. Caminhou mais lentamente que de costume e na ponta dos foi pés até a porta, colocou o olho direito no visor e viu uma mulher que parecia muito bonita, mas estava meio arredondada pela distorção da lente. Como não viu nenhum perigo aparente, decidiu abrir a porta.

Foi então que, em um momento inusitado, ficaram ali paradas, frente a frente, Mônica e Verônica, que por alguns eternos segundos olharam-se dos pés à cabeça avaliando os respectivos potenciais femininos.

Mônica estava mais deslumbrante do que nunca e 20 centímetros mais alta que Verônica, porém Verônica estava em seu hábitat e de cara limpa. A conversa iniciou em instantes:

– Olá, você deve ser Verônica. Eu me chamo Mônica. Já havia visto Edgar vindo antes para cá, mas só agora pude visitá-los. Acho que ele já falou sobre mim!

– Sim, Mônica, falou sim. Estávamos muito ansiosos para que você aparecesse. Muito prazer. Pode entrar!

– Precisamos muito conversar com você para entender o que está acontecendo – comentou Verônica. – Por favor, me acompanhe enquanto preparo um café – complementou Verônica deslocando-se para a cozinha conjugada.

Com o início da conversa entre as duas, o som de suas vozes começou a despertar Edgar. Ao abrir os olhos para tentar identificar a origem daquele diálogo, ele teve a absoluta certeza de que estava sonhando, pois seria quase impossível imaginar Mônica e Verônica batendo papo na cozinha naquela altura do campeonato. Inverossímil. Contudo, quando o despertar aumentou e desembaçou sua mente por completo, o susto fez seus olhos arregalarem e, rapidamente, sua respiração hiperventilou e ele pensou: *"Nossa! Não faz isso comigo! Minha paixão está ali em frente e eu aqui feito um besta dormindo de boca aberta, não mereço!"*

Percebendo que não tinha jeito e que teria de encarar a situação, Edgar fez o melhor que pôde. Encheu o peito de ar, ajeitou o cabelo, levantou e foi ao encontro das duas a fim de cumprimentar sua deusa. Ao se aproximar dela, Mônica se antecipou e lhe desferiu um carinhoso abraço, suficiente para ele sentir o calor e o cheiro de sua diva, o que o despertou de vez, fervilhando todo o seu corpo.

Já com Verônica ocorreu uma sensação estomacal inversa e desagradável, a ponto de ela se virar para a pia e concentrar-se apenas em acabar de passar o cafezinho.

Logo que aquele maravilhoso e terrível abraço terminou, os três começaram a conversar. Edgar disparou várias vezes:

– Mônica, quem é você realmente? Queremos te conhecer. E como esse livro foi parar em suas mãos? Quem está lhe perseguindo?

– Bem... – preparou-se Mônica para responder ajustando a posição do corpo. – Eu já trabalhei em vários lugares. Sempre ocupei cargos executivos em grandes empresas da indústria farmacêutica internacional e nos maiores gigantes do setor de informática.

E olha que ela conseguiu falar isso de forma humilde.

– Recentemente fui contratada para realizar uma consultoria financeira e de planejamento sobre as finanças da Igreja Católica aqui no país.

Ao começar a me envolver nos assuntos inerentes à Igreja, tomei conhecimento de algo muito valioso que estava guardado aqui na catedral da cidade. Meu envolvimento com a cúpula da Igreja chegou a um ponto tão grande que puderam me mostrar mais de uma vez a relíquia, a caixa de couro marrom que lhe passei, que era fortemente guardada e vigiada em um dos porões da catedral. Falavam sempre como se fosse algo de valor inestimável, porém que poderia representar muito perigo nas mãos erradas e, também, que ali estaria apenas um pedaço da riqueza.

– Ok – disse Verônica. – Mas por que a caixa e o livro foram parar em suas mãos? Você pegou, foi isso?

– Não! – respondeu Mônica enfática! – Eu não roubei nada! Acontece que fiz uma amizade muito grande com um dos bispos da Diocese. Éramos realmente grandes amigos. Inclusive, ele é quem me contava tudo sobre os bastidores da Igreja e me dava conhecimento daquilo que precisava saber para realizar o meu trabalho. Foi ele também que me revelou sobre uma trama nefasta de um certo segmento interno, dentro da Arquidiocese, com o objetivo de retirar o livro daqui da catedral, bem como levá-lo para uma grande corporação internacional. Eu fiquei indignada e confiava plenamente nesse bispo, pois era um homem que só queria o melhor para a Igreja, para a humanidade e para o nosso país. Foi ele quem me passou a caixa, disse o que havia em seu interior e pediu que eu a protegesse, enfatizando com rigor que ela não fosse aberta, pelo bem da humanidade. Eu entendi que esse livro devia ser algo muito importante ou conter informações que podiam abalar as estruturas de nossa civilização. Ele me disse que esta corporação é muito poderosa, inclusive, capaz de saber quem tomou conhecimento dessas informações.

– Como assim?! Como podem saber quem leu o livro? – perguntou Edgar.

– Não sei. Não sei tanto quanto vocês esperavam que eu soubesse. Não consegui muitos detalhes sobre a situação. Sei apenas se tratar de pessoas muito poderosas, com muita tecnologia e que possuem ramificações mesmo no âmbito da Igreja. Assim que recebi o livro passei a ser perseguida e, de alguma forma, eles me descobriram e continuam atrás de mim. Creio que desconfiaram de que eu passei a caixa para você, por isso também devem estar lhe seguindo. Além de tudo, o que mais me preocupa é vocês terem aberto a caixa e lido o livro, pois temo que possa acontecer com vocês o que foi dito pelo bispo e estarem correndo um grande perigo pelo simples fato de conhecerem o que ali estava escrito!

– Tem certeza de que você não sabe o nome dessa grande corporação? Você já trabalhou para grandes marcas? – questionou Verônica.

– Realmente não tenho muitas informações ou detalhes. Há outra coisa que preciso dizer a vocês: há cerca de um mês, o bispo, meu amigo, apareceu morto dentro de seu escritório da Diocese. A Igreja alegou parada cardíaca, porém não acredito nisso. Creio que ele foi assassinado e era minha única fonte de informação. Agora não sei o que fazer, apenas fujo e tento observar a segurança de vocês também.

– Ok, Mônica, o livro está aqui na casa de Verônica! Você gostaria de ler ou levá-lo? – perguntou Edgar.

– Não! – respondeu Mônica, meio assustada. – Nem uma coisa nem outra! Eles estão me caçando o tempo todo! A segurança do livro é mais importante do que a minha! Entendo que a melhor coisa neste momento será vocês manterem a guarda do livro, porém tentarem afastar-se durante um tempo. Em breve creio que eles terão certeza de que vocês estão com o livro, porém agora ainda pensam que seja mais provável estar comigo. Então, teremos de nos separar para que eles se concentrem em mim e vocês tenham tempo de se esconder.

– Espere aí, nos afastar de você! – disse Edgar em tom de protesto. – Parece que você corre mais perigo do que nós, e quem a protegerá? Olha, nós conversamos com um detetive de polícia e ele nos dará segurança, a nós e a você também!

– Lamento, Edgar! Conheço o tipo de gente com quem estamos lidando, nem na polícia podemos confiar. Ainda que possamos, eles podem passar por cima de qualquer um!

Realmente esta última frase deixou Edgar e Verônica sentindo calafrios.

– Tem certeza, Mônica, de que você não pode falar nada mais sobre a tal corporação? Qualquer coisa que lembre, ou que tenha visto, ou ouvido? – perguntou Verônica mais uma vez.

– A única coisa que sei é que costumam chamar a cúpula dessa corporação de "*Os Unicranianos*". Vi o bispo se referir assim sobre eles apenas uma vez, mas me recordo bem do nome. Meus amigos, acho que já ficamos tempo demais aqui – concluiu Mônica. – De alguma forma eles conseguem monitorar nossa posição e, por isso, precisamos estar em movimento o tempo todo. Preciso ir, tenho vários amigos que podem me acolher. Quanto mais tempo ficarmos juntos, maiores as chances de eles nos localizarem e nos associarem de vez. Eu represento um perigo ainda maior para vocês. Agora eu terei que ir e, em breve, tentarei entrar em contato. Por favor, procurem pensar em fazer uma viagem ou coisa assim e mantenham o livro em segurança.

Mônica parecia realmente estar ficando aflita e, ainda que tivessem mais um caminhão de perguntas, Edgar e Verônica respeitaram, pois também precisavam refletir um pouco sobre o que tinham ouvido. Mônica despediu-se rapidamente de Verônica, enquanto Edgar a acompanhou até a porta recebendo um forte abraço. Os abraços de Mônica em Edgar estavam ficando cada vez mais intensos e ele estava cada vez mais enfeitiçado.

Após o encontro com Lauro e em seguida com Mônica, Edgar e Verônica foram do céu ao inferno no mesmo dia. Uma hora, sentiram-se seguros com a firmeza que Lauro lhes transmitiu, e, pouco depois, viram tudo desmoronar com as revelações dramáticas feitas por Mônica. Ao se encontrarem sozinhos, sentaram-se na cumplicidade daquele sofá da sala de Verônica e se olharam com caras de "agora ferrou". Mas o sentimento era ambíguo, pois o espírito de aventura dos dois continuava latejando e era predominante. Verônica via vários elementos para investigação e diversos mistérios para solucionar. O cenário era uma delícia para uma aventureira. Já Edgar se sentia vivo, refeito, louco por mergulhar fundo nessa história e ainda aproveitar para ir em direção à sua paixão. A questão de suas seguranças ficara em segundo plano.

Extraterrestres ou Inteligências Multidimensionais?

Bem no meio do vazio de pensamentos que se encontravam naqueles minutos, emergiu da mente elétrica de Verônica uma possibilidade intrigante. Surgiu de seu interior uma associação entre o nome da corporação revelado por Mônica, Unicranianos, e o nome escrito rasurado na capa do livro. De alguma forma emergente, ela teve um *insight* e lhe veio à mente um nome: "Diacranianos":

– Diacranianos! – disse Verônica.

– O quê? – perguntou Edgar meio surdo.

– É isso! – disse "Veroniquinha Nota Dez". – Isso mesmo! O nome rasurado na capa! "Continua com os Diacranianos". Eu sabia se tratar de um nome próprio, pois iniciava com maiúsculas. Não podia ser "diagramas".

– Mas por que você chegou a esta conclusão? – indagou o amigo desconfiado.

– Não vê a relação, Edgar! Unicranianos e Diacranianos. Não se lembra? O nome dos membros da corporação.

– Humm, entendi! Ok, então se os Unicranianos estão procurando o livro, os Diacranianos estariam com as continuações. Será que não estamos viajando demais, Verônica?

Enquanto Edgar acabava com essas confirmações, dúvidas e direcionava o olhar para Verônica, a "Nota Dez" já estava pegando o seu notebook para entrar na internet e pesquisar respostas sobre aqueles nomes. Um pouco aqui, ali e pimba! Ali estava um *site* inteirinho chamado *"Os Diacranianos"*.

Ao começar a navegar no *site*, a primeira coisa que chamava atenção era o número de visitantes da página, inexpressivos 87 aventureiros.

Nesta altura Edgar já estava colado apertadinho ao lado de Verônica, enfiando a cabeça para dividir a tela e saber das novidades. Os 87 visitantes eram uma má notícia, e o *site* parecia uma criação elaborada por algum *nerd* maluco, provavelmente, fascinado por teorias conspiratórias. Apesar do aspecto e das perspectivas, os dois se animaram em ficar ali, esmiuçando todos os *links* disponíveis. A maioria falava sobre a manipulação das massas por meio dos mais variados artifícios de que dispunham o GO. Aliás, toda hora viam a palavra GO na página e, só após uns quatro *links*, por aí, viram se tratar de uma abreviação de Governo Oculto ou um grupo orquestrado por poucos com a finalidade de manipular, controlar e condicionar os seres humanos, inclusive matar, se fosse necessário. Esse grupo estava por trás de grandes corporações com interesses de poder e dominação, visando escravizar a raça humana.

Ok, tudo bem! Até que os temas tinham a ver com a história de Mônica e da Igreja, aliás, diga-se de passagem, o próprio Vaticano também aparecia muito no *site* do *nerd* maluco, entretanto, buscar informação por ali estava parecendo uma perda de tempo. Mero desgaste dos dedos e dos olhos. Contudo, um fato interessante chamou a atenção no *site* e ativou a visão. O criador da página e provável escritor dos artigos revelava em um dos escritos a origem do nome do *site* como sendo fruto das revelações de uma inteligência extraterrestre de seres chamados Diacranianos.

Edgar e Verônica se olharam, coçaram a cabeça e estavam a ponto de fazer uma besteira, ou seja, ir atrás do *nerd* e do *ET*, o que não seria difícil, pois na página estava o nome, o telefone e o local onde o cidadão se encontrava, sendo este em uma grande cidade próxima dali, a uns 600 quilômetros de distância.

Então, ligaram para o dono do *site* e combinaram o encontro. A verdade é que uma viagem naquele momento, além de excitante, seria também uma ótima maneira de escapar das "Corporações", ainda que por alguns dias e, como Edgar e Verônica não tiravam férias há vários anos, foi só combinarem com seus patrões e não tiveram dificuldade em conseguir algumas semanas em seus respectivos trabalhos, inclusive Verônica nem pretendia voltar, uma vez que decidiu reassumir sua psicologia transpessoal. Então, em férias, foram viajar, pois, àquela altura, tudo era festa e uma viagem iria animar ainda mais.

Ao chegar à famosa cidade onde o *nerd* morava, sentiram-se como os aventureiros detetives de filmes de ação em busca de pistas para resolverem o caso; o mais interessante é que a pista era realmente quente.

De repente estavam ali, naquela imensa metrópole que só podia ser vista de cima em razão da enorme quantidade de prédios em suas ruas.

E, por alguns instantes, apenas se distraíram com o local e a interessante sonoridade de seus barulhos ensurdecedores de carros, vozes e movimento. Como era grande aquela cidade! Os dois já a conheciam, porém sempre se admiravam quando chegavam e sentiam sua beleza feita de cimento e arquitetura.

Com um endereço em mãos partiram para o encontro do que o dono do *site* chamou de "seu escritório". Ao chegarem e adentrarem o local, surpreenderam-se com a decoração de um único cômodo de 12 metros quadrados em que, visivelmente, era ao mesmo tempo o escritório e o apartamento onde o rapaz morava.

Assim que os recebeu, aquele garoto com aparência de 20 e poucos anos tentou rapidamente melhorar a bagunça do lugar e disfarçar o caos de computadores, roupas de cama, pacotes de biscoito, revistas e livros de conspiração, que se encontravam espalhados até ao teto daquela pequena quitinete. Contudo, para Edgar e Verônica, o ambiente, em vez de desanimador, era, na verdade e intuitivamente, o que eles esperavam encontrar para um bom disfarce, bem como para esconder-se dos grupos poderosos que ele tanto atacava.

Ao iniciarem a conversa com aquele garoto antenado e com cérebro ativista, logo ficaram mais esperançosos. Ele disse que desde criança faz contato com um estranho que, vira e mexe, o encontra e lhe passa algumas orientações e caminhos a seguir. Esse estranho, com o tempo, se tornou amigo e se revelou como alguém que veio de fora para ajudar a humanidade em seu caminhar. Sempre quis que o chamasse de Diacraniano, referindo-se ao nome de seu povo e de onde ele veio. Sempre lhe falou sobre uma manipulação que estava em curso junto à humanidade visando controlar seus caminhos.

Nunca falou mal dessa manipulação ou dos manipuladores, porém o jovem *nerd* entendia que tinha a obrigação de mostrar a todos, por meio do seu *site,* como existem grupos procurando manipular as pessoas. Pelo menos esta era a visão que o garoto havia absorvido do contato e talvez fosse a intenção do Diacraniano.

Edgar e Verônica acharam a história interessante, mas parecia que aquele rapaz branquinho e com uma barbicha, combinando com o pesado óculos que carregava na face, em uma composição para o seu visual *nerd*, ainda tinha longo caminho a percorrer antes de entender os ensinamentos do Mestre das Ilusões. Claramente, sua visão e consciência ainda estavam em transição, e o toque de informação que recebeu fez com que transformasse tudo numa guerra dual entre o bem e o mal, no caso, a inocente humanidade de um lado e as grandes corporações do outro. Muito em função desta percepção das limitações do rapaz, Edgar e Verônica não estenderam muito a conversa para tentar ir direto ao ponto, ou seja, como poderiam fazer para encontrar o Diacraniano.

O jovem revelou que tinha uma maneira especial de chamá-lo sempre que fosse necessário e, após ouvir a história contada por Edgar e Verônica, obviamente se concentrando na parte que mais lhe interessava, ou seja, a das malignas grandes corporações e da Igreja Católica, decidiu firmemente que aquela dupla era digna de se encontrar com seu extraterrestre.

A estratégia do rapaz para entrar em contato com o Diacraniano era simples. Ele fazia uma mentalização durante cinco minutos concentrando-se na imagem do encontro, bem como no local e na hora pretendidos, e isso nunca falhava. Assim, pôs-se então em sua criação de imagem, não sem antes pedir licença aos visitantes para recolher-se ao banheiro, que era o único lugar com privacidade na "quiti" para a referida mentalização.

Com o local e a hora já solicitados mentalmente, partiram para o encontro. Edgar e Verônica estavam achando aquilo tudo o máximo! Afinal, em férias de seus empregos "sem sal e sem açúcar" e procurando um extraterrestre em outra cidade, era muita aventura para aqueles corações acomodados.

Ao chegarem ao local, observaram se tratar de um bar de esquina em uma rua com bom movimento de carros, porém com um nível de ruídos insuficiente para atrapalhar um diálogo em tom moderado. As mesas ficavam no interior daquele bar de bom aspecto, contudo ele era aberto para a rua com portas deslizantes para cima e que permaneciam erguidas durante o funcionamento. Sentaram-se um pouco tensos de frente para a rua à espera do intergaláctico Diacraniano, porém com um nível de ansiedade surpreendentemente bem controlado. Entretanto, o horário mentalmente combinado chegou e o *ET* não chegava. Esperaram e esperaram. Mais de uma hora se passou e o rapaz, confuso, explicava que isso nunca havia acontecido e que realmente não estava entendendo aquela situação, pois o Diacraniano nunca se atrasava. Ele olhava para um lado, para o outro e nada. Já estava constrangido. Chegou a um ponto que, sem ter mais o que dizer, o jovem apenas desistiu do contato. Informou novamente que isso jamais havia acontecido, se desculpou e disse que a única explicação seria o fato de o Diacraniano não querer encontrar Edgar e Verônica, e que, quanto a isso, ele nada poderia fazer. Lamentou o ocorrido e deixou a conta do *chope* para a dupla pagar, sem problemas, afinal, antecipadamente, eles já haviam mesmo oferecido bancar o encontro. Enfim, o garoto os deixou ali pensando no que fazer e se retirou.

Assim que o jovem se afastou de Edgar e Verônica, eles decidiram pedir mais um *chope* e pensar em uma saída para o "bolo" que levaram do *ET*, entretanto, enquanto esperavam por mais uma geladinha, algo surpreendente aconteceu. Um homem que estava sentado bem em frente à mesa onde estavam, desde a hora que haviam chegado, levantou-se e sentou junto a eles, perguntando:

– Procuram por mim?

– O senhor é? – meia pergunta de Verônica.

– Podem me chamar de Diacraniano! – disse o homem surpreendendo Edgar e Verônica. – Estive ali observando vocês o tempo todo, porém com uma imagem que nunca me apresentei ao nosso amigo. Minha presença aqui hoje não é para conversar com ele e sim com vocês.

– Que ótimo! – disse Edgar com a voz trêmula.

– Como podemos ter certeza de que o senhor é quem procuramos? – questionou Verônica com a voz firme.

– Vocês querem respostas sobre o livro do Mestre das Ilusões, não é verdade?

Aquela simples afirmação do Diacraniano caiu feito uma bomba nuclear sobre as cabeças de Edgar e Verônica. De uma vez só era a prova de que não estamos sozinhos no Universo, de que há inteligência fora da Terra e de que toda aquela viagem tinha valido a pena, bem como que respostas transcendentais estavam prestes a serem reveladas. Muito louco!

Os corpos se arrepiaram e a atenção entrou em alerta. Entretanto, como a ficha de todas essas coisas ainda não havia caído totalmente, eles controlaram os batimentos cardíacos e a respiração acelerada para conseguir formular outras perguntas, só que a partir de então com mais reverência:

– Bem-vindo ao nosso planeta! – disse Edgar como um idiota.

O Diacraniano sábio tratou logo de mudar o rumo da conversa e relaxar os tratamentos; disse ele:

– Caro Edgar (sabia o seu nome), em primeiro lugar não sou um extraterrestre. Não nos veja dessa forma. Sua noção de tempo e espaço precisa ser reorientada, dentro e fora são conceitos relativos. Sou o que poderia ser chamado de uma consciência multidimensional e sei que você já tem condições de me entender dessa forma, ou seja, sou uma vibração oriunda de outra faixa de consciência que está se manifestando aqui neste plano, no mundo de vocês. Esta viagem, para mim, nada mais é do que uma desaceleração vibracional e não apenas um deslocamento através do tempo e do espaço, como vocês pensam. Sempre nos apresentamos de modo adequado à capacidade de compreensão das consciências com as quais lidamos, e isso também varia de acordo com a cultura e a época em que ocorre o encontro. Já aparecemos como anjos, santos e *ETs*, porém a aparição sempre foi adequada à capacidade de entendimento do contatado, bem como à época e à cultura local. Para você e Verônica, já podemos ter uma conversa mais luminosa e também dispensar as reverências. Veja-me como um irmão.

– Então, vocês não são exatamente de outro planeta ou de outra galáxia? – perguntou Verônica.

– Não, Verônica. Não somos! Não somos de outro lugar, e sim de outra vibração. Esqueça você também a sua noção de tempo e de espaço para compreender a situação. Você já é capaz de compreender um campo Onisciente e uma manifestação emergindo desse campo e sabe do caráter ilusório da manifestação. Entre a Onisciência e as faixas onde estão consciências mais primitivas existem várias faixas diferentes de consciência. Nós e vocês estamos entre essas faixas de diferentes vibrações, ou de diferentes expansões de consciência. Sobre o tempo e o espaço é preciso compreender o seguinte: em um campo onisciente existe apenas a unidade, portanto, não há espaço, porque não há partes; e não há tempo, porque não há espaço entre as partes, apenas a unidade Onisciente. Somente quando uma ilusória manifestação é criada é que se iniciam estes conceitos. Em verdade, somos seres que conseguem se manifestar entre planos de consciência, ou diferentes dimensões de consciência, ou distintas histórias coletivas, para acompanharmos o processo evolutivo de vocês. Esta é a nossa missão. Portanto, já dominamos a capacidade de nos manifestarmos onde quisermos, bem como de manifestarmos o que quisermos, inclusive sem respeitar o tempo e espaço do jeito que vocês imaginam. Terrestre ou extraterrestre, universo ou extrauniverso, tanto faz; melhor dizer que nos manifestamos por entre dimensões de consciência criadas a partir da Onisciência. Dessa forma o lugar de onde viemos, respondendo a sua pergunta, é aquele que decidimos criar consciencialmente para servir de referência como nosso mundo e, às vezes, o visitamos e nos encontramos por lá.

– Incrível! Entendi perfeitamente – afirmou Verônica. – E o Mestre das Ilusões, ele também é um Diacraniano?

– Não, querida, não é. O mestre, assim como a Onisciência, também é único. Ele foi a primeira manifestação, criado completo e, portanto, pronto para voltar à Onisciência a qualquer momento, entretanto, sua missão foi criar seres duais como nós. Mesmo os Diacranianos também são duais. Mesmo com o nível de desenvolvimento de nossas consciências, ainda não temos permissão para voltar direto ao Onisciente. Ainda somos obrigados a criar para evoluir. Na verdade, esta minha última frase não é totalmente correta, mas citei apenas para exemplificar. O correto mesmo é dizer que ainda precisamos evoluir e, porque ainda evoluímos, necessitamos de uma nova criação que acomode essa evolução, uma nova história. Isso, sim, é o correto, pois ainda temos densidade. Compreenderam?

– Simm – responderam Edgar e Verônica em sobreposição.

– Este é o plano – respondeu Edgar.

– Exato, e vocês já sabem disso. Vocês leram o livro e, desse ponto, não há retorno. Vocês sabem da verdade e, portanto, estarão para sempre conscientes da ilusão. O mundo lhes será diferente. Seus valores serão diferentes. Vocês terão dificuldades em lidar com os iludidos. Será sofrível aturar, porém, terão que respeitar. Serão taxados como chatos e sem graça, porque pequenos prazeres não lhes servirão mais. Serão tidos como arrogantes porque sentirão a necessidade de dominar o poder da criação, o que, para a maioria, só os deuses poderiam fazer. Vocês terão que assumir esta responsabilidade, pois o mundo à sua volta e tudo o que acontecer nele, se vocês tiverem consciência, será sua responsabilidade criativa! Compreendem isso? O poder da criação?

Os dois balançaram as cabeças, afirmativa e extremamente concentrados.

– Eu já sei que vocês querem a continuação do livro e não podemos nos alongar muito nesta conversa, pois existem regras que preciso respeitar. Vamos direto ao ponto e logo aviso a vocês que eu não tenho o livro, mas sei como vocês podem encontrá-lo. Vou passar-lhes uma pista para que encontrem a continuação. Se a desvendarem é porque estarão aptos a conseguir o saber.

– Mas o senhor não poderia dizer direto o local que está a continuação? – questionou Edgar meio lento de raciocínio no dia de hoje.

– Poderia. Entretanto, ao conseguir solucionar a pista, vocês demonstraram estar prontos para a vibração que irão receber.

– Você pode nos dar segurança nessa busca? – perguntou Verônica.

– Vocês nunca terão segurança externa nesta caminhada! Lembrem-se de que vocês assumiram uma responsabilidade criativa, portanto, depende de vocês. Agora vão e decifrem esta pista: "A continuação do livro está em uma cabana no local chamado Pedra do Balão, entre este município e o de onde vocês vieram. Desbloqueiem e o encontrarão".

Dito isso o Diacraniano se levantou, sorriu para eles e se afastou colocando-se a caminhar por uma das ruas daquela esquina, que eles jamais esquecerão. Queriam ir junto para escapar deste mundo pesado, mas ao mesmo tempo sentiram no peito a necessidade de obedecer, aguardar e partir para o compromisso. Sentiam que tinha de ser assim. O sabor da luz teria que esperar um pouco mais.

Parte IV

"Esta parte não é para todos, apenas aos que pretendem atingir a transcendência."

Mestre das Ilusões

4.

Decodificando os Bloqueios

A Pedra do Balão e o Poder da Concentração

Edgar olhou para Verônica e já nem tinha vontade de falar mais nada, pois a cada minuto tudo mudava, inclusive o mundo à sua volta. Às vezes, as coisas ficavam cinza e outras vezes ficavam multicoloridas. Porém, olhando para a amiga de aventuras multidimensionais, Edgar disse a ela que já previra seu pensamento e tinha uma noção de onde estava a *Lan House* mais próxima, que havia visto quando estavam chegando àquele local. Verônica sorriu e disse:

– Previu mesmo!

Sentados coladinhos dividindo o espaço da tela do computador da-*Lan House*, procuraram pesquisar sobre a localização da Pedra do Balão.

Para surpresa deles encontraram várias Pedras do Balão na internet, pois o nome é mais comum do que parece. Entretanto, com um pouco mais de paciência, lá estava ela localizada exatamente entre os dois municípios. Foi como uma visão da vitória.

Com os ombros aliviados pelo achado, perceberam que o local não era de acesso muito fácil, porém havia uma pequena comunidade próxima chamada Vila do Balão e, foi a sorte, pois a Pedra do Balão só existia no mapa como referência a esse vilarejo.

Aliás, por falar em mapa, a cibernética Verônica conseguiu entrar em um *site* cartográfico e ver as coordenadas da Vila do Balão. Ponto para eles, sobretudo, levando em consideração que Edgar estava com seu celular que "além de tudo é telefone" e, portanto, eles já estavam tranquilos quanto ao GPS que os levaria até o local, restando apenas alugar um carro em uma locadora de renome nacional para que pudessem devolvê-lo na volta para casa, mas não sem antes passarem na Pedra do Balão e recolherem a encomenda.

Com veículo traçado alugado e com o GPS na mão, partiram para mais uma aventura, só que dessa vez ao som de um motor turbo de uma poderosa *picape*.

Assim, com Edgar no volante e Verônica na navegação, partiram para a caçada.

A aventura esquentava o sangue e, após 230 quilômetros de viagem, estavam praticamente em cima de seu destino e viram a primeira plaquinha escrita Vila do Balão. Por ela já se podia ter noção do tamanho do vilarejo, literalmente, pois nela estava escrito 376 habitantes. Contudo, dali também já se podia ver, como em um sonho se tornando realidade, a imagem tão esperada: uma montanha em que a base era mais estreita que o topo e fazia lembrar um pião, que por sua vez lembrava um balão.

Era a almejada Pedra do Balão e era linda, uma visão de ouro.

Já há alguns quilômetros por dentro de uma razoável estrada de terra, a qual a caminhonete traçada superava com facilidade, até porque no inverno chove pouco e não há lama, eles chegaram e tiveram que passar por dentro da Vila do Balão. Passaram lentamente e os 376 habitantes não pareciam mais do que 20, até então.

Pouco se ouvia naquele lugar, a não ser o mugir das vacas. Edgar e Verônica olhavam desconfiados para os moradores da comunidade e estes olhavam ainda mais desconfiados para aquela caminhonete com dois "estrangeiros" dentro. Decidiram parar no que parecia ser um restaurante ou talvez uma borracharia, ou talvez os dois, sabe-se lá, para assuntar e despistar suas verdadeiras intenções. Ao parar o carro, logo viram se aproximar uma senhora e um senhor de feições típicas daquele local:

– Bom dia, *tão* procurando comida ou mecânico? – perguntou o senhor sertanejo com seu chapéu de couro.

– Pois é, meu amigo... – respondeu Edgar já descendo do carro e espreguiçando-se de forma dissimulada. – O senhor vende salgadinhos aí? – Já vendo o balcão quente dentro do estabelecimento de alvenaria e sem reboco.

– Sim senhor, moço! Temos as melhores coxinhas de galinha da comunidade. Vamos chegando!

Com Verônica também descendo e acompanhando-os, trajada com um enorme chapéu de palha que havia comprado em uma lanchonete numa parada na estrada, que era a sua cara, puxaram uma animada conversa com o simpático casal de senhores. Comeram, desconfiados, uma coxinha de galinha cada um, apesar do bom aspecto do quitute, bem como aproveitaram e tomaram um muito conhecido e refrescante refrigerante em latinha, que como "mágica" conseguia chegar até ali.

Descaradamente disseram para os senhores que estavam passeando por aquela região, vendo as fazendas e, de repente, viram uma linda formação rochosa em forma de pião.

– É a Pedra do Balão! – reconheceu o senhor de chapéu de couro.

– Isso! Parece mesmo um balão – disse Verônica com certa cara de pau.

– É, dá para ver daqui! Olha lá! Lá depois da árvore! Estão vendo? – perguntou o sertanejo.

– Que linda, como podemos fazer para chegar até lá? – disse Verônica.

– Ah, é só seguir nesta mesma estrada que vocês chegaram aqui que em uns cinco minutos vocês chegam lá! – disse o senhorzinho.

– E tem algum lugar para pousar lá perto, tipo uma cabana? – investigou Edgar.

– Olha! Que eu saiba não. Tem nada lá perto não, tem "*muié*"?

– Que eu saiba não – respondeu a senhora.

– Ok – disse Edgar. – Nós agradecemos a hospitalidade de vocês, mas vamos dar uma passadinha para ver mais de perto e depois regressaremos para nossa estrada e nosso destino. Muito obrigado!

Despediram-se então do simpático casal e seguiram em direção à Pedra do Balão, estranhando a informação da inexistência de uma cabana por perto, porém foram verificar *in loco*. De fato, os cinco minutos passaram, a estrada de terra acabou e eles não viram nenhuma cabana, nadinha! E outro detalhe: mesmo ao fim da estrada eles ainda estavam a uns 300 metros da base da montanha, nem a *picape* traçada conseguiria ir mais além, por causa do relevo inclinado e acidentado do percurso. A distância cansava só de olhar. Agora uma coisa era preciso ser dita: a vista era linda por todos os lados que se olhava.

Pois é, não havia outro jeito para Edgar e Verônica chegarem ao local, senão caminhando até lá, ainda que sob o sol forte daquele início de tarde. Suas peles arderam um pouquinho, mas pelo menos era inverno e o clima ameno tornou a caminhada mais suportável. O chapelão de Verônica foi junto e também ajudou a produzir sombra.

Em muitos momentos, aquela caminhada lembrava uma peregrinação em busca do divino, e a bela paisagem vista em todas as direções do olhar tornava-a até que bastante agradável, fora a companhia mútua e o som da natureza local.

Ao chegarem a uns 20 metros da base, já podiam ver toda a majestosa formação rochosa, imponente e convidativa. Contudo, suas dimensões cobravam respeito. Aliás, só faltava aparecer uma nave espacial naquele platô para o visual ficar completo, pensava Verônica. Porém não houve e não havia nave espacial, mas Edgar viu outra coisa sugestiva: era uma ponta do que parecia ser um pequeno barraco de palha, ainda escondido em sua maior parte atrás do ângulo de visão encoberto pela Pedra do Balão. Santa visão. Rapidamente, animaram-se e começaram a contornar a montanha e já podiam ouvir uma voz interior do tipo: "*vamos descobrir alguma coisa!*" Atenção ligada e sentidos em alerta. Já não havia mais dúvida de que se tratava de uma casinha de palha caindo aos pedaços e parecendo estar abandonada, porém naquela altura de suas jornadas, parecia mesmo que era a Cabana do Diacraniano.

A caminhada até lá, por vezes, ficava bastante difícil, pois continha muitas pequenas pedras que atrapalhavam o equilíbrio e, algumas vezes, era o mato mesmo que incomodava, e também algumas plantas com espinhos que chateavam e espetavam as canelas, bem como exigiam a atenção voltada para os pés e as pernas.

Já a poucos metros da cabana, se podia visualizar, claramente, se tratar de um lugar abandonado ou muito pouco frequentado, porém, a aparência, apesar de simples, já parecia indicar que estava tudo no seu lugar e não havia o risco de desmoronar sobre suas cabeças. Na realidade era uma palhoça de sapê com teto de palha, incrustada no bem meio do nada e ao lado da Pedra do Balão.

Ao adentrarem o recinto, não sem antes chamar de fora para ver se havia morador, ouviram apenas o ranger da porta feita de tiras de madeira e viram somente uma mesa de madeira artesanal, que certamente foi feita com o material da própria região, com alguns copos de plástico empoeirados. Fora isso, havia dois troncos próximos que pareciam servir de bancos para aqueles que um dia se serviram e ali relaxaram os corpos. A visão era simples assim.

"*E agora, o que fazer?*" Eles pensavam em como encontrar a continuação do livro na simplicidade daquele lugar, porém ao mesmo tempo estavam com as pernas pesadas e os pés doloridos pela caminhada puxada até o local. Inicialmente, a melhor ideia parecia se sentarem naqueles bancos de troncos e relaxar o corpo e a mente até chegarem a uma solução. E assim o fizeram.

Verônica ligeiramente puxou de sua bolsa tipo sacola, que adotara durante esta viagem, uma garrafa de água mineral de 600 ml. A visão daquela garrafinha prateada parecia um diamante suado, e eles dividiram o líquido precioso fraternalmente e se deliciaram. Na boca da garrafa mesmo, é lógico, pois naqueles copos ali nem pensar! Com a sede saciada e já devidamente sentados, parecia iniciar um mundo novo; estavam revigorados e prontos para encontrar o livro e logo começaram a pensar para ouvir a voz da razão.

Começaram por revisar a pista passada pelo Diacraniano, a anotação literal que Verônica rascunhou em um guardanapo e enfiou em sua sacola multiúso. Reviram então o escrito: *"A continuação do livro está em uma cabana no local chamado Pedra do Balão entre este município e o que vocês vieram. Desbloqueiem e o encontrarão"*. Bom, tudo indicava, então, que o livro estava por ali bloqueado por algum obstáculo, bastaria procurarem e encontrarem. Então, mãos à obra! Foi o que começaram a fazer após descansar e beber aquela água refrescante.

Iniciaram com todo o gás e vasculharam tudo, se bem que o tudo era pouco, só a mesa, os troncos e o chão de terra batida:

– Edgar, será que está enterrado neste chão?

– Não sei, será? – respondeu esfregando forte sua botina marrom na terra batida que formava o piso da cabana – difícil não parece, e se formos cavar aqui, vai ser duro de encontrar.

– Mas não há outra solução! – disse Verônica. – Acho que devemos cavar embaixo da mesa, pois ela deve ser o bloqueio que o Diacraniano se referiu, com a terra, o que acha?

– Ok! – foi pegar a pá, único objeto que haviam trazido no carro, além do sacolão de Verônica.

Aliás, a pá também havia sido comprada na estrada, junto com o chapéu de palha de Verônica, já prevendo a possibilidade de desbloqueio da caixa de couro marrom. Quanto à busca, apenas o cavalheiro Edgar cavou, cavou e nada encontrou. E olha que o buraco ficou bem expressivo. Naquela altura, ele já estava com o corpo dourado com a mistura de suor e poeira enquanto Verônica só olhava a movimentação do amigo e fazia torcida de incentivo, sentada no banco de tronco que puxou para o canto da cabana. E até o momento, nada de livro!

– Será que está dentro do tronco? – indagou Verônica.

O destemido e já indolor Edgar, funcionando meio que no automático, levantou, pegou o banco de tronco que não estava ocupado por Verônica e, fazendo muita força, o levou para fora, e o atirou contra uma pedra de cerca de 80 centímetros que havia ali perto, jogou e jogou novamente, até que o tronco quebrou ao meio revelando em seu interior absolutamente nada, apenas mais madeira. Fez o mesmo com o outro tronco que Verônica já vinha rolando para fora com muita dificuldade, e mesma coisa, nada em seu interior.

– E essa pedra aqui?! – percebeu Edgar. – É o único obstáculo que restou para considerarmos como um bloqueio.

– Mas está fora da cabana! – disse a meiga Verônica.

– Não importa, vem me ajudar a virar esta pedra. Quem sabe ele não considerou aqui também como a cabana? – disse ofegante Edgar.

Viraram a pedra, e absolutamente nada! Nem sinal do livro. Edgar, já nervoso, olhava algo que pudesse arrancar... E nada. Realmente, naquele momento, o desânimo bateu e o cansaço já estava grande, além do que, dali a pouco mais de uma hora, iria anoitecer e dificultar ainda mais a busca.

Decidiram voltar para dentro da cabana e sentar sobre o único lugar ainda disponível, ou seja, a mesa de madeira. A ideia era ficar descansando os músculos e pensando em como resolver a encrenca.

Naquela visão aterradora dos destroços que havia se transformado a cabana, restavam poucas opções a fazer. Sentados e com os corpos relaxando, sentiram um misto de calor, pelo intenso trabalho realizado, e de frio, pela brisa do entardecer que já penetrava na cabana, porém com os traseiros relaxadamente colocados sobre aquela mesa tentaram se concentrar no objetivo. Ficaram cerca de 40 minutos trabalhando mentalmente o que estava escrito naquele guardanapo e já quase conseguiam ver as palavras do Diacraniano flutuarem à sua frente, tamanha a concentração. Voltavam no tempo e ouviam as palavras do Multidimensional repetidamente. A vontade de encontrar o livro era imensa e eles tinham certeza de que não teriam chegado até aquele ponto se não fosse para o sucesso, e a vontade só aumentava e aumentava. Em algum momento, era como se sentissem a energia um do outro e ambos estavam ultrafocados no objetivo. Tudo o que havia ocorrido nos últimos dias acelerava o sangue em suas veias, vinha a suas mentes e os excitava. Tinha que acontecer algo, tinha, tinha e tinha. Até que Edgar disse:

– O que é isso?!

– Isso o quê? – replicou Verônica.

– Ali no canto da cabana – apontou Edgar para um canto da cabana bem à sua frente.

Verônica virou, olhou e disse:

– Não estou vendo nada!

– Ali! – falou Edgar saltando da mesa e caminhando na mesma direção.

Ocorre que bem no canto da junção entre duas paredes era possível ver uma deformidade na construção, contudo parecia ser apenas uma distorção. Era como se a base desse canto da parede de sapé estivesse projetada um pouco mais para a frente. Porém, gerava uma ilusão de ótica por ser do mesmo material da parede e era muito difícil de enxergar. O que realmente havia ali era a estrutura de um receptáculo, construído também de sapé, bem na base entre as paredes e no cantinho. Verônica olhou concentrada e disse:

– Nossa! É verdade! Como podemos ter ficado aqui esse tempo todo e não percebemos isso, incrível!

Edgar rapidamente se deslocou para o local e, com a mão aberta, deu alguns golpes calculados na frágil estrutura de sapé para quebrá-la sem danificar o que poderia estar ali dentro. Logo que o primeiro buraco abriu já se podia ver o maravilhoso e esperado tesouro. Era a caixa marrom da sabedoria surgindo de dentro daquela estrutura e de seus corações. Pura emoção!

– É ela? É ela? – perguntava Verônica aflita.

Edgar, enfim, conseguiu enfiar a mão e puxar a caixa, levantando-a para o alto como se fosse o troféu que acabara de ganhar em uma competição olímpica. A emoção era enorme! Edgar e Verônica se abraçaram e rodaram seus corpos de alegria, levantando poeira naquele chão de terra batida. Mesmo dançando e abraçados, Edgar cuidou de manter firme a caixa em uma de suas mãos, sem descuidar do valioso objeto sagrado.

Em alguns minutos, passada a supereuforia inicial pela descoberta, analisaram por que não haviam percebido aquele depósito feito de barro e argila bem ali naquele canto simples da cabana, protegendo e guardando o livro. Apesar de certa ilusão de ótica, pelo fato de o material ser o mesmo da parede, o que gerava apenas uma distorção, deveriam já ter visto com facilidade. Foi então que pensaram nas palavras do Diacraniano com mais cuidado e enfatizaram a parte em que disse: "*desbloqueiem e o encontrarão*". Lembraram-se do esforço e da concentração em que se mantiveram pouco antes de encontrar. Ficou dentro deles bem clara a sensação de que decifrar aquela pista era entender o conceito de desbloquear e a importância da concentração para chegar ao objetivo. O fato é que eles com atuaram muita vontade ao desbravar aquele local em busca do livro, o que resultou na geração de uma vibração muito especial e, quando relaxaram os corpos, porém mantendo a concentração, o que ocorreu foi a liberação do impulso vibratório da vontade e do desejo, concentrados no propósito de encontrar a caixa. Na verdade, o desbloqueio proposto pelo Diacraniano era o desbloqueio de suas mentes para a nova visão da realidade. Um treinamento sobre a importância da concentração para se atingir o objetivo. Não sabiam realmente se aquela construção foi uma manifestação materializada por suas mentes pela força concentrada de suas vontades, ou se de fato ela estava ali desde que chegaram e suas mentes focadas permitiram desbloquear o efeito ilusório e encontrá-la, na verdade não importava. De qualquer forma, tinham compreendido o teste elaborado pelo Diacraniano e haviam passado com louvor. O pensamento, a vontade e o desejo concentrados tinham prevalecido, e a história havia sido escrita, e eles receberam a marca de acesso para a liberação da continuação daquele saber, na forma de uma nova vibração.

Colocaram a caixa sobre a mesa e logo observaram ser idêntica, em tamanho e forma, à anterior, inclusive com a mesma trava de segurança numérica. Edgar e seus dedinhos ágeis foram logo digitando a data do dia de hoje, 03.07.2014, utilizando a mesma estratégia da vez anterior, só que desta vez o "*click*" não veio.

– Ué, não deu certo! O que houve? – disse e perguntou Verônica. – Repete!

Edgar repetiu, e nada! Ficaram um pouco preocupados, porém agora não aceitariam aquele plano "B" grosseiro de arrombar a trava. Já não se permitiam esse tipo de falta de consciência, além do que agora mantinham dentro de si uma reverência pela história sendo contada e também tinham a sensação de que amigos invisíveis os observam o tempo todo.

Portanto, tinham que achar uma solução e em grande estilo. Então, em um estalo, os olhos de Edgar arregalaram e eis que tão rápido quanto da vez anterior seus dedos começaram a trabalhar e então: "*click*". Ele conseguiu de novo.

– E aí, Edgar? – disse Verônica já nem tanto surpresa com mais essa façanha do amigo. – O que foi desta vez?

– Digitei a data de amanhã. Como se fosse o futuro. Entendeu? – Verônica, com uma expressão facial imóvel e o encarando, disse:

– A esta altura eu já estou aceitando tudo, Edgar. Só não sei de onde você está tirando tudo isso!

Abriram a caixa e observaram a mesma estrutura interna com os manuscritos prensados e protegidos em seu interior, entretanto, como eles estavam muito cansados e empoeirados, decidiram não ler o livro na cabana, mas levá-lo em segurança de volta para casa, neste caso o apartamento de Verônica, que era o lugar mais seguro até então. Além do que, aquela leitura, dali para a frente, precisava ser realizada em um ritual que exigia limpeza exterior e interior. Colocaram o carro na estrada e voltaram para sua praia.

Parte V

"Esta parte do conhecimento é permitida apenas aos que querem dominar a criação."

Mestre das Ilusões

5.

A Estrutura de uma Ilusão

A Programação do Plano da Criação

Ao retornarem para seus mundos, foram direto para o apartamento de Verônica com o objetivo de tomarem um refrescante banho, separados, é claro, para partir logo ao ritual de leitura da continuação do livro.

Depois de estarem limpinhos e cheirosos e, também, bem-vestidos, empurraram o jarro vermelho para o lado e colocaram a caixa sobre a mesa da sala. Finalmente iriam ver o conteúdo do livro para ouvir seus ensinamentos.

Ao abrirem a caixa do saber e retirarem o livro, perceberam o desenho de uma Mandala. Então, observaram a Mandala e, em seguida, começaram a leitura do capítulo II.

* * *

Capítulo II

A Estrutura de uma Ilusão

Neste capítulo ensinarei sobre a construção das ilusões, sobre o seu planejamento e sobre os responsáveis por sua edificação. Utilizarei uma mandala para representar o plano criador.

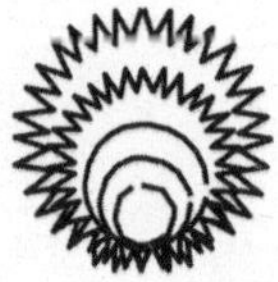

O Onisciente emitiu um acorde vibratório com o objetivo de criar movimento e com o propósito de preservar seu brilho infinito. Esse acorde é o resultado de uma sugestão da Onisciência e foi aceito pelas consciências.

Em um movimento espiral, as ondas viajaram a partir do Onisciente se distanciando de seu núcleo, diminuindo sua vibração e dando início a todo o plano da criação.

O acorde Onisciente é seu verbo e podemos chamá-lo de "O pensamento Onisciente".

A partir desta separação original surgiu a modelação das formas, e estou aqui para ensiná-los como tudo aconteceu.

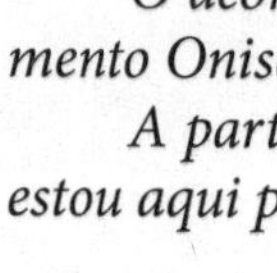

Vamos chamar de corrente de consciências a linha de ondas espirais emitidas pelo acorde original. Percebam no desenho da mandala que esta corrente possui um padrão oscilatório nos níveis mais densos.

Essas oscilações representam as separações realizadas pelo consciente coletivo em faixas de consciências mais densas e também representam a característica dual da realidade experimentada nestes níveis.

As oscilações nas camadas mais distantes da espiral representam um pulsar que geram dipolos positivos e negativos, que serão combinados pela consciência coletiva para criar a realidade experimentada, e também representam as separações que vocês realizam coletivamente em seu dia a dia. As separações são, portanto, um pulsar dual criador de histórias. Esse pulsar também está significando em suas vidas de várias maneiras, por exemplo, no bom e mau humor de vocês.

Dentro das faixas de consciências coletivas estão as consciências individuais, que também provocam uma série de novas separações e combinações intradimensionais que irão gerar histórias pessoais por intermédio de uma linha do tempo. O microcosmo é igual ao macrocosmo.

Podemos dizer que as oscilações e as separações são interferências na corrente espiral consciente e são realizadas pelas consciências coletivas e individuais.

Essas interferências em série causam bloqueios sobre as ondas até gerarem um circuito modelador de arquétipos. Portanto, bloqueios geram arquétipos, vocês também são arquétipos, logo, vocês também são bloqueios na corrente consciente. Suas vidas também estão cheias de bloqueios conscientes e inconscientes, resta saber apenas quem programou esses bloqueios, e isso veremos mais à frente.

Os bloqueios no padrão ondulatório, ou na corrente, são provocados pelos impulsos magnéticos vibratórios produzidos no retorno da consciência para a Onisciência ou pelo seu significado na realidade experimentada que é o "pensamento". Portanto, em última análise, o pensamento gera os arquétipos por meio de um circuito modelador de formas.

Quando as consciências dirigem sua atenção concentrada a este padrão de ondas, já com um arquétipo programado pelo pensamento, ocorre um processo de condensação das partículas de consciências, em razão do caráter dual das ondas e partículas, gerando a "concretização" das "formas-pensamento". Em outras palavras, ocorre a "materialização" dos arquétipos.

Quando esse processo ocorre de forma coletiva, ou com o pensamento coletivo, ou com o sistema de crença coletivo, que representam o mesmo, será criada toda a realidade experimentada de uma dimensão.

Agora irei explicar como o arquétipo, após ter sido criado pelo pensamento, irá ser materializado pela atenção concentrada das consciências por meio do desejo e da vontade de vocês.

Na história da humanidade, ou na minha grande metáfora, sugeri a Santíssima Trindade, sendo esta: o Pai, o Filho e o Espírito Santo, e vocês captaram a sugestão inconsciente e ressignificaram para o plano da criação, decodificando essa trindade como: o pensamento, o desejo e a vontade, orientados à criação do homem dentro da realidade experimentada.

Percebam que quando o pensamento é gerado, imediatamente o arquétipo é criado, entretanto, a materialização só ocorrerá se a consciência se mantiver firmemente concentrada no que pensou, e isso envolve seu desejo e sua vontade. Autossugestões e sugestões externas influenciarão o desejo e a vontade de vocês.

Autossugestões

Observem que sempre que ocorrer a manipulação do desejo e da vontade também ocorrerá uma manipulação sobre o próprio pensamento, pois eles estão ligados em um processo circular. Portanto, mesmo o pensamento é influenciado pelas sugestões.

Vejam que sem as sugestões o pensamento poderia se religar imediatamente à Onisciência, o que nos leva a pensar que as sugestões são maléficas ou prejudiciais à evolução, porém não é bem assim que funciona.

Lembrem que a sugestão original deriva do pensamento Onisciente e representa a própria existência. As consciências separadas, em grupo ou individualmente, também produzem novas separações e também realizam autossugestões programadas para vocês, que as aceitam, pois "todos pensam, logo existem".

Então, as separações são necessárias e dependem das sugestões.

O plano da criação utiliza sugestões, pois elas são ilusões de separação e, portanto, precisam ser aceitas.

As sugestões irão gerar interferências, que causam bloqueios na onda consciente, que modelam a realidade experimentada e, dessa forma, todo o plano da criação necessita das sugestões.

Vocês são sugestionados, porém, também, se autossugestionam e fazem isso por suas próprias evoluções. Suas sugestões são programações individuais previamente preparadas, geram seu protagonismo dentro da realidade experimentada e construirão suas histórias de vida. Esta criação de sua história como um todo podemos chamar de âncora.

As âncoras os mantêm experimentando suas histórias pessoais e servem para suas evoluções. Elas são significadas por vocês pela experiência de seu personagem em sua vida, como: sua família, sua cultura, seus valores, suas crenças e outros. As âncoras são, realmente, muito necessárias para a evolução, pois ocorrerá um aprendizado da consciência neste processo evolutivo, e este é o plano da criação.

Sugestões Externas

A concentração em sua potência vibratória máxima é capaz de materializar as formas na velocidade do pensamento, instantaneamente, ou, em outras palavras, ela é capaz de condensar imediatamente as partículas de consciência sobre o arquétipo previamente construído, entretanto, a concentração depende da atenção do desejo e da atenção da vontade, e estas são manipuladas por sugestões externas.

As sugestões manipulam as consciências desviando suas atenções e interferindo nos desejos e nas vontades, portanto interferem no processo de criação de toda a realidade experimentada. Existe uma verdadeira guerra pela atenção de vocês, pois somente por intermédio de seu desvio será possível controlar o plano da criação.

Tendo em vista todas estas explicações, daqui em diante tomem cuidado com o direcionamento de sua atenção, pois sua concentração e a realização por "conta própria" de seu pensamento, de seu desejo e de sua vontade dependem desse cuidado, bem como a criação de toda sua realidade experimentada.

Informações Relevantes

Agora vou lhes falar deste mesmo conhecimento em uma nova perspectiva. Percebam que os bloqueios representam os significados que sua consciência necessita criar para retornar, portanto, podemos dizer que eles são símbolos necessários. Viver é criar esses significados na forma da história pessoal de cada um de vocês, e tais significados podem ser entendidos como códigos, ou símbolos, que precisam ser decodificados no caminho evolutivo até o Único. Então decifre os seus códigos, supere os seus bloqueios e evolua.

Existem aqueles que, dentre vocês, já atingiram alto grau de maturidade de consciência e se encontram nos pontos mais avançados da faixa de consciência desta dimensão. Estes já possuem a percepção da programação Onisciente para modelar cenários, criar formas e sincronizar acontecimentos. Eles são os que vocês chamam de Holísticos.

Estão corretos nesta definição, pois os holísticos já conseguem perceber a manifestação sincronizada da ilusão criativa a partir de um campo Onisciente, bem como já percebem a construção dos bloqueios em sintonia com uma história sendo contada. Portanto, conseguem observar o caráter ilusório da criação e sabem que ele deriva apenas de um sistema de crenças previamente programado. Entretanto, mesmo esses holísticos com percepção apurada ainda não conseguiram vencer o principal condicionamento para esta faixa de consciências, ou o bloqueio principal, que é a crença no ciclo vital. Envelhecer e morrer são bloqueios enraizados por um sistema de crenças que só os seus encontros interiores poderão lhes fazer superar. Afirmo que até o fim deste livro eu lhes darei o poder de encontrar a si mesmos.

Outro conceito que vocês precisam ter em mente é o de "programação da criação".

Percebam que as formas concretas que vocês observam, na realidade, são formadas por partículas de consciência de baixa vibração dentro de arquétipos que foram modelados pela força do pensamento. Esse pensamento representa uma programação criativa.

A programação pelas consciências possui dois aspectos, ou dois ângulos distintos de análise: a programação natural, que representa a atração vibratória magnética de retorno à Onisciência, e a programação consciente, que é fruto do pensamento de seu personagem dentro da realidade experimentada.

Podemos definir o conceito de programação como a intenção consciente expressa em um acorde vibratório: o pensamento consciente. Assim, podemos dizer que a programação original do plano da criação representa a intenção Onisciente expressa em seu acorde vibratório: o pensamento Onisciente. Onisciente ou consciente, em ambos os casos o acorde será representado pelo pensamento.

Reflitam sobre estas palavras e vocês perceberão que a programação, o pensamento, a sugestão e a ilusão possuem a mesma definição.

Agora eu lhes passo a melhor sugestão evolutiva: Busquem conhecimento e acelerem-se!

Por enquanto, fiquem com estas palavras, e a compreensão virá em breve.

Meus operadores Evolutivos e Involutivos irão trabalhar para diminuir ou aumentar o trajeto de retorno para sua verdadeira casa, veremos quem são eles no próximo capítulo.

Capítulo III
Os Operários das Ilusões

Neste momento, vamos nos ater ao meu plano de acompanhamento de seus processos evolutivos e também de suas obras. Prestem bastante atenção em minhas palavras.

A consciência percorre um grande caminho vibratório quando recém-separada do Único. Ela sai de níveis muito leves, sutis, e percorre todo o trajeto até as espirais mais densas da existência. Isso porque, quando separada da beleza poética e do conhecimento luminoso, ela perde velocidade vibracional e se densifica. Esta ilustração parece uma viagem exterior, mas não é; na realidade, a viagem é interior, pois só existe o interior.

Essa consciência viajante, que tanto se distanciou vibratoriamente e que tanto densificou, irá gradualmente retornar e, neste caminho de retorno, há várias moradas, dimensões ou faixas/planos de consciências.

Cada etapa da trajetória de retorno implica uma alteração na realidade experimentada ou uma alteração no seu plano de consciência, para uma nova visão da realidade.

As consciências que partiram primeiro, geralmente, regressam antes. Dentro de uma mesma faixa de consciência estão seres com diferentes estados evolutivos, porém com vibração ainda compatível com aquele plano de consciência. Os mais evoluídos que ali se encontram servem de espelho para os menos evoluídos.

Ao atingir um nível de leveza incompatível com a densidade do plano de consciência em que está inserido, o ser experimenta outro plano, ou outra dimensão, e sua consciência, neste momento, dá um salto para outra faixa de consciência coletiva. Portanto, há várias dimensões de consciência para serem experimentadas até o retorno à Onisciência.

Em um dado momento da evolução, da leveza e do retorno, algumas consciências atingem um nível de desbloqueio, ou de aceleração vibracional, a ponto de conseguirem transitar entre as dimensões pelo poder do pensamento, bem como passam a ter o poder de criar toda uma dimensão junto a um grupo com padrão evolutivo semelhante. Estas levantam âncoras ou se ancoram de forma voluntária. Porém, terão que respeitar o plano.

Quando a consciência chega a este nível, para ela é permitida a missão de transitar entre dimensões e acompanhar a trajetória das consciências nos níveis mais densos e superficiais do caminho do retorno. Elas podem subir a níveis mais densos de energia consciente para amparar, guiar e proteger o caminhante menos evoluído. Podem até manifestar-se fisicamente neste plano, desde que seja de maneira didática.

Suas interferências nos planos superficiais devem respeitar o meu plano. E o respeito pelo meu plano é pré-requisito para a evolução. Portanto, elas saberão agir sem interferir diretamente na escolha do caminhante e, ainda, saberão trabalhar apenas com as sugestões que foram orientados a inculcar. O objetivo é que as consciências alcancem histórias cada vez mais belas e poéticas em conhecimento luminoso e que, de preferência, contem uma história de religação com o Único.

Os que chegaram a esse nível de evolução passarão a ser meus operários e eles me entendem bem. Nossa comunicação não é mais por palavras, pois já transcendemos isso. Comunicamo-nos por vibração e nos compreendemos perfeitamente.

Na verdade lhes digo que, mesmo com vocês, também nos comunicamos por vibração, porém precisamos dizer palavras que criem um significado vibratório, uma vez que vocês ainda necessitam das palavras para compreender e vibrar.

Nossa comunicação será mais bem absorvida por vocês se for levada a nível inconsciente, pois no nível consciente vocês tendem a reforçar seus antigos sistemas de crença e resistir.

Dividi as tarefas dos operadores que atuam nesta dimensão entre aqueles que iriam sugerir a busca do conhecimento luminoso e aqueles que iriam sugerir a distração desse conhecimento. Porém, entendam que esse processo é complexo, e mesmo o que parece que é verdade pode não ser. Pois eu criei a informação e, é lógico e dual, também criei a desinformação. Dessa forma, mesmo a informação, muitas vezes, é usada para desviar-lhes do caminho.

Cabe aos Ilusionistas Involutivos manter seus pensamentos e suas consciências focados no que está separado e, portanto, mantê-los separados. Em contraposição, meus Operadores Evolutivos querem que vocês controlem tudo isso e vejam em perspectiva todas as separações, pois o desgaste emocional de divisões, como o bem e o mal, ou o certo e o errado, lhes absorve o poder criador.

Meus operadores involutivos lhes aprisionam em um "buraco bem fundo" porque eu pedi que assim o fizessem. Porém, calculei que, se utilizarem seus braços fortes e escalarem a parede deste "buraco fundo", encontrarão a luz e, ainda, estarão com os braços muito mais fortes.

Haverá um impulso em aceleração vibracional para as consciências que romperem com os bloqueios alimentados pelos Involutivos, bem como ao romperem com o sistema de crença coletivo.

Os Involutivos conseguem jogá-los de um lado para o outro, controlando-os por suas emoções e vocês são levados com facilidade. Eles roubam sua atenção e eu me divirto. É realmente um bom trabalho!

Ao brincar com o emocional de vocês, conseguem mantê-los polarizados no medo, e isso é típico de quem se afastou do conhecimento luminoso.

As distrações estão cada vez mais aperfeiçoadas e lhes ensinam a gostar deste mundo e, dentro dele, de todos os valores efêmeros que existem.

O vazio será o caminho natural dos que não conseguirem escalar o "buraco fundo", um vazio que só poderá ser preenchido pelo que é denso.

Todos os operadores conhecem perfeitamente a estrutura de construção das ilusões e sabem como atingi-los em cheio. Geralmente gostam de atuar em suas emoções e em seus sentimentos, atraindo suas atenções, pois aí reside o poder de manifestação de sua consciência.

Cuidado com o que vocês consideram o certo e o bom, pois, além de estarem criando o errado e o ruim, também serão alvo fácil de situações que serão colocadas à sua frente para lhes roubar a atenção e a "energia transmutativa".

Meus Evolutivos nunca se cansam, até porque a natureza da atração magnética do retorno trabalha em seu favor, pois, com o passar das ilusões, vocês tendem sempre a se enfraquecer no trabalho de produzir separações.

Meus Evolutivos se manifestaram para vocês em muitas ocasiões, geralmente pedindo que vocês se preocupassem com o que não é daqui, por vezes deixando escritos sagrados e, outras vezes, cruzando os céus para mostrar-lhes o transcendente.

Porém, meus trabalhadores involutivos mostram-lhes a beleza local, os seduzem e lhes sugerem criar edificações neste plano de consciência, edificações emocionais a bens e a pessoas. São grandes as tentações das ilusões da carne.

Ordenei aos meus operadores, evolutivos e involutivos, que eles se manifestem aos que lhes chamarem. Apareçam com a forma que quiserem, desde que seja de acordo com vibração daquele que o chamou. Comuniquem-se com palavras, mas as escolham para influenciar na vibração do que lhe chamou. Sejam adequados a eles.

Portanto, os ilusionistas evolutivos e involutivos estão presentes e compreendem a estrutura das ilusões, bem como o meu plano criativo. Os operadores involutivos vão entregar-lhes a distração, o prazer sem significado e um caminhar lateral. Isso lhes deixará um vazio que será preenchido pelo revés de mesma densidade em forma de medo, terror, violência e depressão, entre outros. Já os evolutivos vão insistir na busca pelo conhecimento luminoso e na retirada dos véus. Mas entendam que ambos estão aqui para ajudá-los no inevitável caminho de volta à Unidade Suprema.

Nos próximos capítulos lhes ensinarei como criar ilusões para si e para o próximo, bem como a maneira certa para transcender este plano.

***

Depois de alguns segundos de mútua reflexão, lentamente se olharam ainda sem saber ao certo onde estavam. Do mundo da reflexão ao mundo das palavras a viagem foi grande. Os corações estavam mais leves, com certeza, porém suas consciências mais aprofundadas.

Havia uma música presente no peito que os levava para o mais fundo de seu interior, e lá é um lugar de amor. Aquela música tocada pelos dois capítulos que acabaram de saborear os levava com seus acordes para um lugar que ainda não haviam alcançado. Pediram, ao que lhes parece Deus, que os mantivesse ali e parece que foram atendidos parcialmente, pois nunca mais voltariam totalmente a seus mundos superficiais, após mais este encontro com o Mestre das Ilusões.

Entretanto, após alguns infinitos segundos, foram voltando da viagem luminosa para o mundo das palavras:

– Achei esses dois capítulos lindos, Edgar – disse Verônica com saudade.

– Pois é! Realmente inspiradores. Eu quero aprender a criar ilusões tão belas como o sentimento que estou neste momento – disse Edgar.

Assim foi... e estavam ali, de banho tomado e alma lavada, ainda com a ressonância em seus corpos como resultado do tesouro que acabaram de receber, bem como agradecidos pela aventura que os guiou até encontrar uma riqueza que os aproximou um pouco mais do Supremo. Maravilhados por terem escrito uma história que terminara com dois seres melhores do que começaram.

E aquele telefone que tinha de tocar bem no meio daquele sonho! O mundo os chamara de volta, os puxara novamente para a superfície do concreto, para o domínio dos senhores do sofrimento.

O Governo Oculto

Do outro lado da linha soou uma voz machucada, muito machucada. Era Mônica, largada dentro da mata de um parque florestal localizado dentro da cidade. Havia sido surrada e interrogada para revelar a localização do livro. Sua voz estava realmente prejudicada, e a sensação que cabia na imaginação de quem a ouvia era de uma pessoa próxima de seu fim. Mal conseguia falar e apenas pediu ajuda com as últimas forças que lhe restavam. Quase era possível visualizá-la em sofrimento dentro da mata.

Edgar se concentrava no ouvir e tentava buscar informações precisas do local para poder socorrê-la, até que conseguiu ter uma boa noção de onde sua paixão poderia estar. Ele conhecia bastante aquele parque.

Sentia o desespero que o ser apaixonado tem por proteger sua paixão. Quem poderia ousar atacar sua amada? Um misto de fúria e heroísmo lhe tomou a alma e ele saiu veloz para o resgate. Verônica, a prestativa de sempre, catou sua bolsa tiracolo, recolheu os livros e correu para acompanhá-lo. Saíram em disparada em uma corrida contra o tempo de vida que restava para Mônica e, em uma distância que normalmente pediria 40 minutos velozes, bastaram 20 minutos, entre o som de freadas e buzinadas, para chegarem até o local.

Após algumas voltas por dentro do parque e identificando a referência que a debilitada Mônica havia sussurrado, largaram o carro e entraram por uma trilha com uma entrada um pouco difícil de localizar à primeira vista. Após alguns metros a encontraram, e a cena era de cortar o coração.

Mesmo o harmonioso cenário natural daquela natureza e o som dos pássaros entre as árvores não conseguiam amenizar o horror de ver Mônica espancada e ensanguentada daquele jeito. Um melado de sangue e terra cobria seu rosto, bem como dificultavam sua respiração, e sua pele branca evidenciava, ainda mais, os diversos hematomas deixados por seus algozes. *"Aquela cena não deveria ter sido escrita com aquele enredo"*, pensava o inconformado Edgar ainda sob a inspiração do livro.

Socorreram Mônica com a percepção de que sua vida se esvaía, mas havia pulso e respiração, e isso era uma esperança. Dali ao hospital mais próximo, transformaram uma viagem mais longa em apenas poucos minutos, entregando Mônica, débil e machucada, à equipe médica.

Muito mais machucado estava o coração de Edgar!

Os minutos na sala de espera do hospital pareciam horas. O inconsolável Edgar era amparado pela consoladora Verônica e os dois tentavam imaginar o que exatamente havia acontecido, como se já não soubessem!

Ao mesmo tempo, olhavam a porta que viria o médico trazendo notícias... E o médico veio. O som de seu caminhar até o encontro foi angustiante. Entretanto, o doutor disse que, apesar de o estado de Mônica inspirar cuidados, os exames não haviam revelado danos internos mais graves e os ferimentos eram apenas superficiais. Ela precisaria ficar internada para se recuperar, porém o estado não era grave.

Quilos de agonia saíram das costas de Edgar com aquelas palavras médicas. Seus calafrios cessaram e seu plexo voltou a se abrir para a paixão. Verônica, que àquela altura já havia esquecido as rivalidades, também estava aliviada. Afinal, nada de ruim perdurava nos sentimentos de Verônica. Ela sempre foi assim.

Aliviados sobre o estado de saúde de Mônica, os amigos passaram a especular sobre as possibilidades que envolviam o caso e que poderiam estar por trás daquela inesperada situação. Não havia dúvidas de que o livro estava envolvido, porém, imaginar que a aventura passaria de um filme estimulante a uma realidade sangrenta era outro perigo. Os dois estavam realmente preocupados e mergulhados nisso até o pescoço. O fato é que não saber até onde os Unicranianos estariam dispostos a chegar para alcançar o que queriam era um pensamento dramático, principalmente, porque os dois já estavam no terceiro capítulo daquela história.

Como a situação havia ido às "vias de fato" e Mônica estava naquele estado precário, concluíram que era hora de chamar o reforço policial.

Dentro da aflição em que se encontravam e, considerando o cartão de Lauro dentro da carteira de Edgar, acionaram o detetive que logo se prontificou ir ao hospital, o que o faria em uma ou duas horas.

No ínterim entre a ligação e a chegada do "braço forte da lei", veio até a dupla uma enfermeira e disse que Mônica havia acordado e os estava chamando, não sem antes alertá-los para não exagerar, pois ela estava debilitada. As primeiras palavras da enfermeira soaram ótimas, pois Mônica parecia estar bem e eles teriam o esperado contato para saber detalhes do ocorrido. Assim, após ouvir a simpática profissional da saúde, se encaminharam para o quarto da paciente, com Verônica aflita por respostas e Edgar ansioso para pegar na mão de sua paixão.

No quarto, viram Mônica quase irreconhecível. O "quase" ficava por conta de sua beleza que, mesmo escondida entre inchaços, gazes e esparadrapos, ainda se revelava. Realmente era preciso ser muito bela para parecer assim mesmo naquele estado.

Edgar foi direto para sua mão e a beijou lentamente, de forma a transmitir naquele toque tudo o que estava em suas veias. Já Verônica, que voltara a ficar competitiva, principalmente vendo aquela cena, ficou em pé ao lado da cama na posição de quem iria começar a perguntar, e assim o fez:

– Mônica, você está bem? Pode conversar? O que aconteceu?

– Eles me pegaram e, desta vez, não tive como fugir – disse Mônica puxando sua força debilitada.

– Quem foi? – perguntou Edgar.

– O emissário da Igreja, que na realidade trabalha para aquela grande corporação. Estava com mais dois e me interrogaram para me obrigar a dizer sobre a localização do livro. Foi horrível! Amarraram-me! Levaram-me para lá e me chutaram, botaram um saco plástico em minha cabeça. Foi horrível! – disse emocionada.

Edgar apertou sua mão, como se dissesse à sua paixão que estava ali para protegê-la, e ela entendeu o sinal.

– Obrigada por me socorrer – disse olhando para Edgar. – Vocês salvaram minha vida. Porém a de vocês corre perigo! Eles já sabem que vocês estão com o livro. Eu não disse, porém, com meu espancamento, eles chegaram a esta conclusão, tenho certeza. Por favor, cuidado! Fujam enquanto podem! Por favor! – disse ficando bastante alterada.

Ao perceber o quadro a distância, a enfermeira concentrada em seu dever de ofício e vendo toda a movimentação se aproximou e pediu para interromper a conversa para que Mônica pudesse descansar, e eles respeitaram.

Ao retornarem para a sala de espera se surpreenderam com a presença do detetive Lauro no local. Isto chamou atenção, pois o que seria uma ou duas horas de espera, na realidade foi apenas meia hora para que o interessado policial aparecesse. Tudo bem, pois após a curta conversa com Mônica os dois estavam ainda mais aflitos, e ver a polícia trazia relaxamento. Convidaram Lauro a seguir com eles à lanchonete do hospital para tomarem um café e conversarem sobre o caso. E Lauro foi "só ouvidos".

Atualizaram o detetive sobre tudo o que havia acontecido desde a última conversa, porém sem comentar sobre os capítulos II e III, que já se encontravam com eles. Preferiram omitir o fato pela sensação de desconfiança em relação aos últimos acontecimentos e um pouco pela paranoia conspiratória que envolvia a história.

Lauro os informou que havia conseguido boas pistas sobre o caso e que parecia ser uma investigação muito mais profunda do que ele imaginava. O detetive os confidenciou que, mesmo dentro da polícia, parecia que o acesso a algumas informações era limitado e que ele podia sentir isso nessa investigação. Seus superiores não queriam nem saber em mexer com a arquidiocese local e ele ouviu dizer que os investigadores que insistiram pararam em ordens veementes de políticos e grandes autoridades.

Entretanto, mal sabiam os poderosos que os obstáculos são o necessário para que o desafiador detetive Lauro entre em ação. Nada o excita mais do que as dimensões de um caso proibido, pois é ali que começa o significado de sua essência policial.

Lauro informou que buscou e transcendeu o que pôde para descobrir que a cúpula da Igreja Católica no país realmente mantinha uma relação estreita com grupos internacionais. Uma fonte sua na Interpol lhe informou que essa relação já havia sido observada em vários países e que parecia ser algo mundial. Esta sua fonte disse que a tal corporação é muito mais extensa do que se pensa e envolve nomes que estão ligados a marcas globais. Nela se encontram verdadeiros magnatas da informática, das comunicações, do entretenimento, da indústria farmacêutica e muito mais. Era como se fossem um único grupo. Eles se encontravam de forma misteriosa mundo afora e são muito inteligentes. Dominam autoridades, governantes, igrejas, enfim, quase tudo. Na Interpol todos sabem disso, porém eles são tratados como acima da lei. São tão poderosos que são intocáveis. São temidos. O que mais impressiona é a capacidade que possuem de se articular. Parece que nunca brigam entre si. É quase como se recebessem uma diretriz superior ao que seguem de forma ultraorganizada e disciplinadamente. O amigo de Lauro da Interpol o orientou a afastar-se de qualquer investigação que levasse ao caminho desses poderosos, pois era um caminho sem volta para investigadores. Edgar e Verônica estavam passados com aquelas informações e pensavam como haviam se metido nisso. Passaram até a respeitar um pouco mais o *nerd* maluco e suas teorias conspiratórias que envolviam o tal do Governo Oculto ou GO, como ele costumava chamar.

Será que realmente existia um grupo superpoderoso por trás do poder? Será que governantes, grandes empresários e religiosos se submetem a esse grupo? Quem seriam eles? Só de pensar gelava o corpo. Aquilo era a própria visão do perigo.

A dupla lembrou-se do livro do Mestre das Ilusões, mas não acreditava se tratar dos Ilusionistas Involutivos, pois estes confundem, mas não matam. Lembraram-se das palavras que Mônica ouviu do bispo e viram mais sentido. Talvez fossem os chamados Unicranianos, afinal, se já haviam comprovado a existência dos Diacranianos, por que não pensar seriamente na existência dos Unicranianos? Era um pensamento com sabor ruim, mas, revendo as evidências, fazia sentido.

O Mestre das Ilusões disse no livro que existem muitas dimensões entre o levíssimo e a nossa densidade, muito mais entre o céu e a terra, e que seres que atingem um grande nível de consciência são convocados para nos ajudar e nos acompanhar. É um sentimento de alento. Entretanto, o que dizer sobre aqueles que atingiram outro nível de consciência, mas não a esse ponto de nos amparar? Será que não estariam dispostos a nos aprisionar, nos dominar pelo poder e até nos destruir para chegar aos seus objetivos? Onde entram os Diacranianos nos escritos do mestre e onde entrariam os Unicranianos? Há uma visão do céu e outra do inferno nessas respostas.

Muitas reflexões sobre essas questões passaram e passariam pelas cabeças da dupla durante e depois daquela conversa com Lauro. Os calafrios só aumentavam. Como poderiam combater algo tão poderoso?! Seria uma luta impossível. Era muito pesado. Precisariam de ajuda. Todo exército teria que ser convocado. Lauro já estava ali. Porém, os Diacranianos e os Ilusionistas também precisariam ajudar.

As mentes de Edgar e de Verônica produziam pensamentos por fração de segundo, vinham na vibração da adrenalina de seus corpos, e Lauro não parava de falar:

– Pois é, estou realmente preocupado com a segurança de vocês e sequer posso pedir acompanhamento de policiais nesta altura do caso nem sei se poderei, em algum momento, lhes oferecer isso, pelo andar da carruagem. O que irei fazer, e quero que vocês fiquem tranquilos em relação a isso – garantiu Lauro –, será visitar o arcebispo, custe o que custar. Agora posso afirmar que tenho um testemunho que agentes da Igreja foram acusados de agressão. Farei isso para sondar a reação e acompanhar os passos desses caras. Entretanto, será melhor se vocês forem fazer uma viagem para um lugar que não possam ser encontrados – acrescentou o detetive.

Despediram-se, com o detetive prometendo que iria tomar conta da segurança de Mônica no hospital e afirmando que voltaria para ouvi-la assim que ela tivesse condições de falar. Isso aliviou o peito de Edgar e lá pelo início da noite, quando sentiram confiança no estado de saúde e na segurança de Mônica, decidiram sair para comer algo e pensar também em proteger suas próprias peles. Quem sabe de estômago cheio veriam uma solução para a confusão em que se meteram.

Não Há Morte e não Há Reencarnação

Voltaram para seu bairro, pois em seu lugar ficava mais fácil comer, pensar, ver e ouvir e tudo mais o que fosse possível no ambiente que lhes era familiar. Buscaram seu velho, conhecido e gostosinho restaurante, que bem podia resumir a amizade daqueles dois, e ali se alimentaram. Reviram algumas ideias, porém a que parecia mais concreta era a de viajar atrás do Diacraniano para ao mesmo tempo encontrar respostas e fugir do perigo. Esta, sem dúvida, foi a imagem que lhes deixou mais confortáveis.

Na saída do restaurante a ideia de voltar ao apartamento de Verônica era algo temido, além do que, as duas caixas com os livros estavam na bolsa tiracolo e, mais do que nunca, seguras e longe de um alvo fixo. Não sabiam ao certo o que fazer. Estavam sem casa. Estavam tontos. Mas estavam de férias. Assim, visualizaram como melhor opção uma hospedagem na rede hoteleira local.

Decidiram, então, caminhar até um hotel três estrelas em uma rua lateral à praia, para pernoitarem antes de viajar. Foram caminhando desde o restaurante até lá pelo calçadão. Caminhando e relaxando. E, bem no meio do caminho, depararam com alguém que faltava Verônica conhecer: era seu Branco, que estava passeando distraído pelo calçadão, exalando todo o seu estilo elegante. Interessante que parecia andar como se estivesse olhando sem ver. Distraído em seu profundo mundo interior, que se podia sentir ao cruzar com aquele ser portador de paz e emissor de luz. Realmente ver seu Branco era algo especial e Verônica pôde sentir isso logo de cara.

Quando Branco focou o casal, ou melhor, a dupla de amigos, abriu um grande sorriso. Um sorriso menos de alegria e mais da sabedoria de quem tem um conhecimento e visão que compreendem algo mais. Aproximaram-se, e quem pudesse veria um iluminar especial naquele pedaço de praia no encontro dos três. Procuraram um banco de cimento e, como haviam vários, logo encontraram um para bater um papo. Naquele momento era o desejo de todos.

– Branco, tenho muito para te falar – disse Edgar, após já ter passado pelas cordialidades e apresentado Verônica.

– Que ótimo, Edgar! Estava ansioso para encontrar-lhe e saber das novidades.

– Pois é, meu amigo – disse Edgar, que já sentia intimidade para chamá-lo assim e indo direto ao ponto. – Já confirmamos a existência de governantes ocultos, seres multidimensionais e ainda conseguimos mais dois capítulos do livro.

Curioso é que Edgar sentia logo uma grande vontade de abrir o coração e confiança para desabar sem limites, quando estava diante de seu Branco. E assim o fez!

– Nossa, Edgar, quantas aventuras! – disse Branco entusiasmado. – Se lhe disser que estes personagens que você citou são novidades para mim, estaria mentindo, pois já estudei ou ouvi falar de tudo isso. Porém, ouvir-lhe é um doce néctar que penetra e me leva lindamente a tudo que já havia tomado conhecimento em meus melhores dias.

– O senhor acredita então em tudo isso, seu Branco? – perguntou Verônica.

– Claro, querida! Poucos protagonistas controlam este mundo ou este nosso plano de consciência. Disso eu não tenho dúvidas.

Edgar e Verônica então repassaram, com o máximo de detalhes possível, tudo o que haviam extraído da leitura dos capítulos II e III do livro.

Não tiveram nenhuma dificuldade em fazer isso, pois a presença daquelas palavras jamais os abandonava o pensamento, elas acompanhavam seus cérebros e seus corações. Juntos, revezaram em transmitir a seu Branco as notas mais profundas daquele conhecimento e Branco se deliciava como se ouvisse a mais bela sinfonia.

– E então, Branco, o que achou desses capítulos? – perguntou Edgar.

– Adorei o conhecimento, caro Edgar. Também senti a emoção por intermédio de vocês. Viajei na sabedoria do plano da Criação. Sou uma pessoa que faz uma reflexão sobre estes assuntos, há décadas, e ver a manifestação de tudo isso neste plano me enche de luz. Os Ilusionistas Evolutivos e os Involutivos, a meu ver, nada têm com os Diacranianos e com os Unicranianos, pois os Ilusionistas estão acima desta disputa territorial pelo domínio das consciências, travada por seres que até são evoluídos, mas que ainda se alimentam da ilusão. Unicranianos, ou GO, são consciências que temem por sua posição neste campo de consciência e, portanto, temem pela estabilidade desta arquitetura. Lembrem que o conjunto de nossas consciências cria, mantém e estabiliza esse sonho na realidade que experimentamos e, caso um conhecimento como o do livro seja difundido, todas as estruturas desta construção estarão abaladas. Lembram quando estamos dormindo, sonhando e de repente tudo parece ser destruído apenas porque alguém de fora nos chamou para despertar? Pois é, o mesmo pode acontecer com o mundo à nossa volta.

– Nossa! Então os Unicranianos estão certos em esconder o livro, seu Branco? – perguntou Verônica.

– Creio que não, Verônica – respondeu Branco. – A mudança realmente pode acontecer, porém a preocupação dos Unicranianos é a manutenção de seu *status* e não a proteção da malha que compõe a arquitetura deste plano de consciência. Sua intenção não é nada nobre e ainda nos mantêm estabilizados em termos evolutivos. Se a realidade precisa mudar com uma nova visão da realidade, então que seja assim! Isso é evolução. Guardar o conhecimento é algo em desacordo com tudo o que é evolutivo. Na realidade, o próprio conhecimento se autoprotege, e apenas os que estiverem prontos conseguem o acesso.

– Mas, com esta descrição, parece que os Unicranianos ajudam no trabalho dos Ilusionistas Involutivos, não acha? – perguntou atento Edgar.

– Boa pergunta, Edgar. É exatamente o que penso. Creio que ocorre um processo em que os Ilusionistas Involutivos permitem a ação de seres como os Unicranianos e também lhes dominam por sugestões inconscientes, por sua vez os Unicranianos agem dominando aqueles que se deixam levar por estas sugestões, levando os seres até mesmo à autodestruição.

– Mas eles não estariam assim matando seres conscientes? – novamente perguntou Edgar.

– Não. Ninguém mata ninguém – concluiu Branco. – A morte é uma história mal contada que resulta na necessidade de reiniciar outra história. Toda destruição é uma autodestruição motivada por escolhas erradas conscientes e inconscientes, e que resultam em uma desistência de uma história sem final feliz, ou sem retorno ao Único. É mais uma desistência mesmo. Quando souber de alguém que levou uma bala perdida, saiba que o inconsciente sabia exatamente aonde aquela bala iria passar e a escolha foi entrar bem na frente dela. Os Unicranianos são influenciados pelos Involutivos e as consciências que matam e que morrem são dominadas por tudo isso. Simplesmente, aceitaram as sugestões erradas e tiveram que encerrar suas histórias. Se Mônica tivesse morrido, teria sido uma escolha dela ao vibrar na frequência de tudo isso e aceitar sua história como um enredo sem saída. Precisamos construir com muito cuidado nossas histórias, pois elas precisam ter saídas maravilhosas. Quem sabe um dia até mesmo sem ter um final!

– Entendi – disse Edgar. – Se morrermos ou formos mortos dá no mesmo; a escolha foi nossa por uma história sem saída e por estarmos envolvidos com todo aquele cenário. Agora não entendi muito bem esta ideia de não ter final! Será que podemos não morrer?

– Não queria tocar neste assunto, porém creio que sim, que podemos não morrer! Tudo depende do quanto aceitamos ou não as sugestões. Se conseguirmos chegar a um tal nível de consciência que consigamos romper com a principal sugestão de todas, que é o Ciclo Vital, a morte... Poderemos ser eternos. Nosso sistema de crenças possui uma premissa básica e ela nos diz que precisamos envelhecer e morrer. Porém, se rompermos com este sistema dominaremos a criação, ou melhor, compreenderemos o nosso propósito de criação, o qual sempre tem sido afastado de nós. Creio, inclusive, que os Ilusionistas já conseguiram esta transcendência, e mesmo os Unicranianos e Diacranianos também, ou já estão perto de conseguir. Eles ainda precisam contar histórias, porém não precisam respeitar o ciclo vital e podem transitar com suas consciências sem esses limites, manifestando-se onde e como desejam. A programação do ciclo vital também foi elaborada por separação, interferências, bloqueios e estes podem ser rompidos se a consciência não estiver ancorada na crença do envelhecimento e da morte.

– Mas, se não morremos, também não reencarnamos? E a reencarnação? – perguntou a mística Verônica.

– Reencarnação vem da palavra "carne", Verônica! Carne é algo muito denso para o que estamos falando aqui. A matéria é feita de luz, e a realidade experimentada é uma holografia. Quando dominarmos esta conceituação com profundidade, aí sim iremos ressignificar estes conceitos e entender tudo isso como uma viagem por um filme que conta uma história por meio de uma linha do tempo. Não mais a morte da carne ou a reencarnação. Sempre mais profundo e mais sutil. Viveremos como em um filme e transitaremos entre planos de consciência, da mesma forma como se trocássemos os canais na televisão.

– Branco... E os Diacranianos, onde entram nesta história? – perguntou Edgar.

– Os Diacranianos parecem estar aqui para fazer uma contraposição aos Unicranianos. Os antagonismos estão presentes em todas as histórias e talvez tenha que ser assim mesmo, segundo o plano do Mestre das Ilusões. Os Diacranianos não querem que o conhecimento fique bloqueado. Na verdade, eles querem que o conhecimento fique em um lugar que possa ser acessado por aquele que está preparado para recebê-lo. Eles possuem, portanto, uma proposta mais justa. Além disso, acredito no que lhes disse o Diacraniano ao afirmar que eles nos amparam e nos guiam, parece então que sua missão também é conter um pouco ou equilibrar o trabalho dos Unicranianos.

– O Diacraniano nos disse que estaríamos sem proteção nesta jornada e o senhor nos explicou que se sofrermos qualquer coisa será por nossa própria criação, mas a verdade é que estamos com medo e nos sentindo ameaçados – desabafou Verônica.

– Eu entendo sua posição, Verônica, porém concordo com o que foi dito pelo Diacraniano, quando a pessoa toma conhecimento de sua responsabilidade criativa ela precisa assumir este papel! Vocês não são mais o desenho, vocês agora são os desenhistas e cabe a vocês escreverem este enredo. Se você sente medo, então aprenda a escrever uma história sem terror. A responsabilidade agora é verdadeiramente de vocês!... Bem, meus amigos, eu preciso voltar para casa para um encontro pré-agendado e, portanto, terei que ir. Mas foi indescritível poder estar aqui com vocês e tomar conhecimento desses acontecimentos. Obrigado por confiarem em mim – disse Branco, já se levantando e se posicionando para caminhar.

Branco era uma pessoa tão especial que suas decisões eram difíceis de serem contestadas. Eram Edgar e Verônica que tinham de agradecer e o fizeram com o olhar, permitindo que Branco seguisse o seu caminho, ainda que quisessem receber muito mais daquela fonte. Era incrível ver como Branco se expressava de forma semelhante aos escritos do livro do Mestre das Ilusões.

Seguiram para o hotel próximo da praia e, ao chegarem à recepção, pensaram rápido se ficariam com um ou dois quartos. Prevaleceu a ideia do quarto único, afinal são amigos e podem perfeitamente dividir um único quarto duplo de hotel.

Estavam mais seguros com as palavras de seu Branco, porém ainda nem tanto. Sabiam que o fato de estarem juntos e a forma como tudo havia acontecido até agora eram sinais claros de que estariam em segurança, mas ao mesmo tempo sabiam que os Unicranianos e seus discípulos estavam em sua cola. Portanto, tinham que estar atentos e vigilantes.

Decidiram relaxar e dormir para iniciar um novo dia com uma nova história. Edgar foi para a cama, enquanto Verônica foi tomar um banho. Acontece que ela não estava preparada com mudas de roupa, por causa de toda aquela correria, e saiu do banheiro enrolada na toalha, ainda com o corpo um pouco molhado. Rapidamente apagou a última luz que estava acesa e pulou em sua cama de solteiro no canto do quarto. Edgar, que ainda não havia dormido, presenciou a cena toda e ficou feliz pelo conforto de sua amiga.

Aconteceu que o sono de Edgar estava demorando um pouquinho para chegar e a imagem de Verônica de toalha estava atrapalhando sua concentração nos "carneirinhos". Entretanto... *"não podia ser assim! Como pode isso! Ela é minha amiga e eu aqui visualizando seu corpo molhado enrolado na toalha. Que absurdo!"*, pensava Edgar, indignado consigo mesmo. Pelo menos uma hora naquela cama foi de luta interior entre o conflito de santificar sua amiga, por um lado, e uma louca vontade de saber o que tinha por dentro daquela toalha, por outro. De tanto lutar, cansou e enfim dormiu.

Ilusões Repetitivas

Edgar acordou no dia seguinte ouvindo o chamado de Verônica, já toda pronta para tomar o café da manhã do hotel. Não foi fácil levantar, pois estava meio zonzo e sonolento pela dificuldade de dormir da noite anterior. Porém, quando ele despertou por inteiro e, após o desjejum, partiram para o hospital para ver como estava a recuperação de Mônica.

Ao chegarem ao quarto de Mônica, duas surpresas: primeiro, ela estava se recuperando muito rápido dos ferimentos e seu aspecto já estava muito melhor e, segundo, foi a presença de Lauro ao lado de sua cama conversando como se fossem velhos amigos. Parecia, inclusive, haver um sentimento ali presente.

Estranhamente, dentro de Edgar não brotou ciúmes por aquela conversa animada dos dois, mas outro sentimento aflorou de seu interior, que foi a bela imagem de Mônica com a forte imagem de Lauro, a qual lhe remeteu a uma imagem familiar que quase o emocionou. Edgar foi parar em sua infância e era incrível a semelhança de Mônica com sua mãe, a ex-miss dona Eliane, e de Lauro com seu pai, o ex-SNI, seu Carlos. Era como se fosse uma história repetida e a reprodução do passado o emocionou por remetê-lo a uma infância feliz. Foi nostálgico e, à luz de seus novos conhecimentos, não pôde deixar de pensar, ainda que por alguns segundos, como estamos presos por emoções e sentimentos que reproduzimos em significados em nossa realidade experimentada, às vezes repetidamente. Talvez fosse a hora de evoluir e crescer, e a criança virar um homem.

Lauro e Mônica realmente sentiram uma rápida empatia que logo foi percebida pelo reflexivo Edgar, e a conversa entre eles de fato estava fluindo bem. Edgar e Verônica não quiseram interromper e informaram que estavam ali só de passagem para saber de Mônica e já estavam de saída para encontrar um amigo. Viram também que Lauro realmente daria uma proteção especial para Mônica e, assim, ficaram confiantes.

Partiram dali para a casa de Verônica e não se aproximaram do prédio sem antes confirmar se o percurso era realmente seguro. Entraram no apartamento, recolheram o suficiente para a viagem de alguns dias e foram para o aeroporto, a caminho daquela grande cidade de concreto que em seus corações já não era tão concreta quanto da primeira vez. Na verdade, nada em seus mundos era mais tão concreto assim.

Rompendo com o Sistema de Crenças: as Anomalias na Realidade Coletiva

Ao desembarcarem na megalópole, foram ao encontro do jovem interlocutor de seres multidimensionais para pedir aquela mentalização telepática, muito mais eficaz que celular ou *e-mail*. Ao chegarem à *"quitinerd"* não encontraram ninguém em casa. Esperaram, esperam e nada. Vendo que ele não daria as caras e com as pernas doídas, precisaram tomar uma decisão quanto ao que fazer.

Então, já cansados de esperar, tiveram uma ideia: por que não mentalizarem, eles mesmos, o encontro com o Diacraniano, afinal tinham mente e não precisavam do garoto. Além do que, o Diacraniano certamente também poderia ouvir seu chamado telepático.

Decidiram então fazer a mentalização e marcar no mesmo local e na mesma hora da vez anterior. Lamentaram apenas não ter tido essa ideia antes da viagem, pois se funcionasse, teriam poupado tempo e dinheiro.

Paciência! Estavam ali mesmo e, no corredor daquele prédio, puxaram a mentalização. Assim, juntos e com um propósito único, partiram logo para o local, pois o horário já estava próximo.

Ao chegarem àquele familiar bar de esquina de bom aspecto, buscaram logo a mesma mesa em que haviam encontrado o Diacraniano da última vez. Afinal, o ritual já havia virado superstição e o importante era que o Multidimensional reaparecesse.

Ao sentarem-se, giraram seus olhares várias vezes por aquele bar de pessoas bonitas; nem sinal daquela face inesquecível. Ocorre que ainda havia a dúvida se eles também tinham a capacidade de comunicar-se telepaticamente com ele. A verdade é que estavam um pouco aflitos e ansiosos e ninguém naquele bar tinha cara de Diacraniano, muito menos a mulata de corpo volumoso e roupa provocante que se aproximou e sentou-se à mesa onde estavam:

– Bom ver vocês novamente – disse ela.

– É você? – perguntou Edgar com o corpo todo arrepiado e com os olhos arregalados.

– Isso, Edgar, *somos nós,* com uma nova face. Surpreendi vocês, não é? Novas ilusões precisam ser surpreendentes para encantar.

– Nossa, realmente surpreendeu! – afirmou Verônica. – Viemos à sua procura! Você é uma Diacraniana?

– Não. Sou o mesmo! Apresento-me com a forma que quiser. Mas lhes respondendo: temos seres masculinos e femininos em nosso plano. Ainda existimos separadamente, porém aqui quis mesmo surpreendê-los.

– Estamos em uma situação confusa e precisamos de sua ajuda – disse Edgar indo direto ao ponto. – Sabemos que temos o poder da criação. Teoricamente já entendemos isso, porém na prática não sabemos como determinar nosso destino e nos vemos perdidos, com receios e preocupações. Como podemos fazer para exercer nosso poder? Você pode nos ensinar?

– Ok, Edgar. Muito bem explicada a situação de vocês! Eu os ensinarei agora como alterar totalmente esta realidade. Preparem-se. Vamos lá! Vocês estão vendo aquela pista bem movimentada ali no fim desta rua?

– Sim – respondeu mais rápido Verônica.

– Então, eu quero que vocês dois vão até lá e pulem embaixo do primeiro ônibus que passar em alta velocidade – disse tudo isso calmamente o Diacraniano.

– O quê?! Como assim?! Nós vamos ser esmagados! – concluiu Edgar assustado.

– É claro que não vão. Vocês vão fazer o ônibus flutuar ou, então, vocês vão voar por cima dos ônibus – disse enfático o Diacraniano.

– Eu entendo o que você está querendo dizer – afirmou Verônica. – Mas não estamos preparados para esse desafio. Não temos ainda a capacidade de alterar nosso plano de consciência dessa forma. Não acreditamos conseguir fazer isso.

– Então você percebeu que a questão é acreditar ou não acreditar neste poder. Ou, então, a questão é acreditar ou não acreditar naquela rua, naquele ônibus e nos corpos sendo esmagados. "*Ser ou não ser, eis a questão.*" Vocês não encararam meu desafio porque têm medo das consequências e estão dominados por um instinto de autopreservação.Esses medos também são bloqueios construtores neste plano. Então eu lhes pergunto: como vocês querem a capacidade de criar se ainda estão dominados por estes instintos? Vocês acham que podem servir a dois senhores ao mesmo tempo? Ou bem vocês se tornam deuses criadores ou ficam como criaturas bloqueadas. Vocês terão que escolher entre ser um personagem da história ou o escritor, o desenhista ou o desenho. Neste momento, vocês precisam mais retirar bloqueios do que qualquer outra coisa, pois só limpando a tela poderão pintar um quadro novo. Precisam aprender a destruir, antes de construir. Vou ensinar-lhes a forma de romper com o sistema de crenças para vocês poderem realmente edificar de acordo com suas vontades. Vocês precisarão seguir rigorosamente o que vou lhes ensinar. Atentem para três posturas:

- Em primeiro lugar, quero que vocês aprendam sempre a ver a realidade concreta com desconfiança. Vivam suas vidas, porém relativizem sempre a realidade. Nada é absoluto. Tornem isso um exercício contínuo e cotidiano. Imaginem sua realidade como um filme sendo contado por vocês.
- Segundo, sempre que a dualidade lhes apresentar situações que lhes causem sentimentos ou emoções, percebam e sintam essa energia gerada, utilizando-a imediatamente, redirecionando-a com um comando mental para um objetivo que pretendem alcançar, de forma a manipular a história de acordo com suas vontades. Isso vale para o que é tido como positivo e, principalmente, para o que é tido como negativo, pois aí estão as maiores provações. Sempre que sentirem amor, prazer, ódio, orgulho, culpa e dor, entre outros sentimentos, percebam-nas imediatamente e os comandem mentalmente para o seu objetivo de controlar a criação. Isso se chama polarizar as emoções.

- Terceiro, vou ensinar-lhes como acumular energia para produzir potentes resultados, desde uma simples mudança no plano de consciência até grandes feitos. Para isso, vocês precisam acumular o máximo de energia possível. Vamos fazer um exercício deste terceiro passo agora para treinar. Tudo bem?

– Sim senhora, senhor – respondeu Verônica, enquanto Edgar, vidrado, só conseguiu balançar a cabeça.

– Então vamos lá. Daqui a pouco eu vou pedir que vocês olhem para este garfo que está no centro da mesa e vão tentar movê-lo de lugar só pelo poder de sua concentração. Vou demonstrar.

O Diacraniano olhou para o garfo do bar sobre a mesa e mentalmente o moveu levemente cerca de cinco centímetros de distância. Edgar e Verônica, que já estavam de olhos arregalados, agora então nem se fala, estavam com um sentimento que sairiam dali meio que semideuses. Quase não cabiam em si.

– Agora são vocês. Vamos lá, prestem atenção! Mantenham os olhos abertos para não chamar a atenção das pessoas em volta. Concentrem-se discretamente nas minhas palavras e no comando de minha voz. No momento em que eu pedir, tentem fazer o garfo se movimentar. Vou sempre pedir que vocês produzam um sentimento e vocês o produzirão e, ao mesmo tempo, comandarão acumular a energia desse sentimento, mentalizando toda essa energia se transformando em uma luz vermelha e se acumulando no centro de suas testas e, em seguida, movimentem o garfo. Vamos lá, de olhos abertos. Evoquem no seu passado um momento em que vocês foram injustiçados e o sentimento que surgiu desta situação. Agora façam o mesmo para uma humilhação que sofreram. Uma decepção. Evoquem e deixem aflorar uma dor que sentiram. Dor física e emocional. Agora, dor da perda de alguém que amavam. E vão acumulando... E acumulando cada vez mais, imaginando, a cada sensação experimentada, mais luzes vermelhas acumuladas em suas testas... Agora evoquem uma lembrança bela do passado de vocês. Um dia de muita alegria que viveram. Algo muito engraçado que experimentaram. Passem agora para o amor que sentem por seus pais. Evoquem agora um grande momento de amor sexual, com toda a energia que sentiram durante o ato. E agora, olhem para o garfo e pensam rápido nele se movendo.

Eis que naquele exato momento o garfo foi lançado para fora da mesa e para fora do bar e caindo no chão, indo parar bem no meio da calçada.

Edgar e Verônica, ainda atordoados pelo mundo dos sentimentos em que haviam viajado, ficaram extremamente orgulhosos pelo feito e um pouco preocupados em saber se alguém no bar havia visto a cena. Ninguém viu. Só eles e o Diacraniano, com uma cara de "mulata bossa-nova" e um sorrisão estampado na face.

– Hoje vocês aprenderam que é possível manipular "a realidade coletiva" acumulando energia por meio de sentimentos, que na verdade são significados que foram criados por suas consciências tentando criar histórias que as levem de volta ao Onisciente. A atração natural de suas consciências para retornar ao Único constrói um cenário de ilusões que geram sentimentos, ou impulsos que, se direcionados de forma concentrada, podem alterar a estabilidade de um plano de consciência coletivo. Foi o que vocês experimentaram agora. Conseguiram ir contra a criação coletiva e gerar uma anomalia de enredo do holograma, pois, pelas leis conhecidas deste plano, isso é tido como impossível. O que acabei de lhes ensinar é um fenômeno para vocês exercitarem o poder de criação dentro da realidade experimentada. O segredo está no acúmulo de energia.

– Legal, eu já tinha visto isso com um mestre budista! É a acumulação de energia no chacra frontal, subindo em espiral pela nossa coluna vertebral, desde o nosso chacra básico no qual se geram as emoções. Essa é a energia Kundalini – disse Verônica, mais uma vez revelando seu conhecimento místico religioso.

– Isso, Verônica – retomou o Diacraniano. – Mas poucos buscam o conhecimento, pois, infelizmente, mesmo com os muitos mestres multidimensionais que deixaram informações maravilhosas e significativas para a evolução da consciência coletiva, como os que vocês conhecem na história da humanidade, como Buda e Jesus, entre outros, a maioria dessas histórias foi, contudo, com o passar do tempo, quase toda deturpada e manipulada pelos Unicranianos. Eles trabalham para desinformar e dominar. Posso lhe exemplificar no Budismo pelo comportamento dos monges budistas em seus monastérios. Ficam ali tentando fugir da dualidade e buscando a neutralidade. A neutralidade é um estado de evolução, porém a energia das emoções também deve ser utilizada para evoluirmos. Os monges escondem-se e buscam anular todos os seus sentimentos em nome do controle da dualidade ou da busca da neutralidade. Estão errados! Isso é conhecimento Unicraniano distorcido. A consciência deve sentir o que ela tem de sentir, sem se bloquear, só que deve aprender a reconhecer o jogo rapidamente e aproveitar o sentimento ao seu favor. Os símbolos ou significados que seriam produzidos aos poucos, para levá-los de volta ao Único, podem ser assim abreviados por esta maestria. Esqueça os monastérios e não se fechem para os sentimentos, pois eles são poderosa fonte de energia. Jesus foi um ser multidimensional, trazido para esse sistema já com objetivos planejados, por intermédio de uma magnífica obra metafórica, para gerar significados e acelerar processos, porém a grande maioria dos ensinamentos foi destorcida pelos Unicranianos. Do pouco que sobrou, posso lhe dizer sobre uma mensagem importante que deixaram passar. O Multidimensional disse: *"É preciso estar no mundo sem Ser do mundo"*. Isso reflete bem uma mensagem para a importância de aprender com os sentimentos gerados no plano de consciência, vivendo e estando no mundo, e direcioná-los para exercer seu poder criador, que deve prevalecer como seu objetivo maior. Nada de tentar bloquear suas emoções. Até aqui vocês entenderam?

– Sim – responderam os dois.

– Quando vocês passaram no teste da concentração e superaram a pista que lhes passei para a obtenção dos capítulos II e III, vocês conquistaram o direito de estarem aqui e receberem esta aula da manipulação energética para abreviação evolutiva. Foi um teste de concentração como o que vocês realizaram agora. Entretanto, isso é apenas o começo do processo e, para seguir adiante, vocês precisarão obter e ler os capítulos seguintes do livro do Mestre das Ilusões. Esta será uma quarta etapa necessária para vocês dominarem o poder da criação. O que eu fiz agora foi adiantar um pouco sobre o que o livro, que já conheço, irá passar vibratoriamente para vocês.

– Então, o que o livro faz é passar uma espécie de energia para nós? – perguntou Verônica.

– Verônica, os impulsos e a atração magnética vibratória para o retorno são representados como sentimentos dentro de histórias ilusórias que são contadas por vocês todos os dias e que podemos chamar de significados. Esta perspectiva parte da energia para a história. Por outro lado, as palavras do livro geram em vocês ressignificados para os valores de suas histórias de vida, e esses novos valores geram uma energia mais sutil que pode ser utilizada para abreviar o caminho do retorno, portanto, migra da história para a energia, como a catarse emocional que vocês utilizaram ainda há pouco e que os deixaram mais leves. Portanto, as energias da atração produzem impulsos significados como sentimentos que se transformam em histórias metafóricas e, essas histórias, por sua vez, geram energia, porém tudo é uma coisa só. Compreenderam?

– Compreendi perfeitamente – respondeu ela. – Se eu criar uma ilusão de religação para uma pessoa em forma de metáfora, eu estaria gerando um impulso vibratório na consciência dela para que se aproxime de Deus, por exemplo.

– Sim. Quando você dominar este poder, não criará a história para o outro e sim o conduzirá, ou o sugestionará na construção de uma nova história com consciência e beleza, mais leves e, portanto, mais próximas do Onisciente.

– Por que os Unicranianos, que são seres evoluídos, ainda são dominados pelo desejo do poder? – perguntou Verônica.

– Os Unicranianos manipularam a história para manipularem vocês energeticamente, sempre com a finalidade de dominação, submissão e, o mais importante, o não despertar, para que, assim, sejam sempre suas marionetes, e nunca desconfiem, e eles fiquem com o controle do poder. Porém não os queiram mal. Os Unicranianos são seres que estão em processo de evolução em que a consciência está muito à frente da beleza e não pode haver uma distorção tão grande assim. Normalmente, a consciência anda à frente da beleza para ressignificá-la e contar uma nova história mais evolutiva. É o seu caráter ilusório. Entretanto, no caso dos Unicranianos, o desenvolvimento de sua consciência se descolou demais do lado poético da beleza e foi mais para o lado analítico e tecnológico-racional. A questão é que a beleza, em seu estado mais profundo, pode ser definida como a luz do conhecimento, e essa definição precisa estar carregada com uma perspectiva poética, o que é uma oitava energética específica e fundamental. Sempre que você analisar uma situação com poesia, a verá pelo aspecto positivo e você verá com o "coração". Entretanto, nem sempre isso ocorrerá se predominar apenas o analítico e racional.

Lembrem-se de que o mundo das histórias também é o mundo das energias, e vocês nem fazem noção de quanta energia está contida nas cores e na poesia, muito menos os Unicranianos. Nós, os Diacranianos, estamos na mesma dimensão dos Unicranianos e temos a missão de ensiná-los a contar histórias com cores e poesia que, em última forma, resultaram para eles em uma visão melhor do outro, ou mais positiva do próximo, bem como para um trabalho holístico. Nossa missão é ensiná-los e, por isso, fomos para aquela dimensão. Entendeu, Verônica?

– Sim, senhor – respondeu reverentemente.

– Se estivermos em nossa cidade e o chamarmos por lá, você poderá nos encontrar? – perguntou Edgar mudando de assunto.

– Apenas se vocês passarem pelo próximo teste – respondeu o Diacraniano e completou: – Prestem atenção em minhas palavras. Agora vocês irão à busca da continuação do livro e, se decifrarem as pistas, obtiverem o livro e decodificarem a senha, obterão o poder da criação de uma forma muito além do que eu lhes ensinei agora. Vamos à pista. Para encontrar o livro, vocês terão que ir até o arcebispo de sua cidade, que é o representante Unicraniano aqui no país e que está com a posse do livro. Vocês terão de convencê-lo a entregar-lhes o livro por meio da força do amor incondicional. É isso, agora eu vou lhes deixar e cumpram sua missão!

O Diacraniano se levantou, caminhou rebolando suas curvas "amulatadas" perfeitas e, sem que eles esboçassem qualquer reação, se foi. Na verdade nem poderiam reagir; afinal, pedir para ir ao Arcebispo Unicraniano para buscar o livro era certamente pior do que pedir para pular na frente do ônibus. Estavam atordoados e só conseguiram mesmo chamar o garçom, pedir um uísque duplo para Edgar e uma caipiroska para Verônica. Só assim para aguentar a pancada do ônibus. Foi duro ouvir aquelas palavras.

Até que, com aquela bebida ardida, foi possível relaxar um pouco para pôr as ideias no lugar. Entretanto, antes de começar as reflexões e estratégias para o ato de suicídio junto ao arcebispo, viram o garfo sobre a mesa e decidiram reproduzir o fenômeno realizado anteriormente.

Polarizaram assim as emoções, contudo o garfo não se mexeu; repetiram o processo e nada. Ficaram desconfiados, porém, talvez a bebida ou a perda de confiança pela ausência do Diacraniano estivessem atrapalhando, ou até, quem sabe, as preocupações que passavam por suas cabeças naquele instante. O fato é que desistiram para deixar os treinamentos para outra oportunidade.

Parte VI

"Apenas os mais fortes chegarão ao fim desta parte da sabedoria."

Mestre das Ilusões

6.

Combatendo a Ilusão

A Força do Amor Incondicional

O que precisavam mesmo naquele momento era planejar uma estratégia para encontrar o Unicraniano Arcebispo e conseguir sair de lá com o livro e vivos. A ideia dava arrepios, pois se Mônica que nem havia lido o livro foi espancada daquele jeito, imagina o que seria feito com eles que já haviam lido três capítulos. Logo concluíram que, ou sairiam dessa com o poder da criação, ou em pedaços.

Considerando que já estavam ali sentados e relaxados, e seguros em outra cidade, parecia ser um ótimo momento para pensarem no que foi dito pelo Diacraniano e na pista para conseguirem a continuação do livro.

Em suas mentes vinha a imagem de um Unicraniano Arcebispo com uma consciência avançada, porém, com uma visão do mundo em preto e branco, voltada ao objetivo de proteger a estrutura do plano de consciência coletivo onde exerce seu domínio, e também vinha a pista do multidimensional Diacraniano com a necessidade de convencer o Unicraniano pela força do amor incondicional:

– Edgar, o que é o amor para você? – perguntou Verônica olhando fundo em seus olhos.

A pergunta inusitada e da forma como foi feita deixou Edgar tocado e meio embaraçado. Nunca havia refletido sobre essa palavra em toda sua extensão. Disfarçou e respondeu perguntando:

– A que tipo de amor você acha que ele está se referindo, Verônica?

– Eu acho que existem dois tipos de amor – refletiu Verônica. – Existe o amor condicional e o incondicional. Por exemplo, o amor que uma mãe sente por seu filho é condicional, sendo a condição o fato de ele ser seu filho. O amor pelo companheiro, pelos pais, pela pátria, etc., todos são exemplos de amor condicional. É amar o que lhe pertence ou ao que você pertence. Já o amor incondicional ocorre quando, do fundo do coração, desejamos o melhor para o próximo, ou a evolução de todos, às vezes, mesmo sem qualquer ação para demonstrar isso, apenas querendo sempre o melhor para o outro. Querer a evolução de todos é amor incondicional.

– Entendi o que você quis dizer – disse Edgar. – Lembra-me da ideia do dar e do receber. Querer para o próximo aquilo de bom que recebemos é um ato de doação incondicional. Amar ao próximo como a ti mesmo. Uma doação que não exige nenhuma contrapartida. É apenas a distribuição daquilo que é bom e está no seu interior.

– Isso, Edgar, parece que estamos chegando perto de decifrar a pista. Mas o que será a força do amor incondicional? – refletiu Verônica sobre o rigor das palavras usadas pelo Diacraniano.

– Ora – pensou Edgar –, se os sentimentos geram histórias que geram energia, então o conceito do amor incondicional, que é o sentimento mais puro que existe, se assimilado, deve gerar uma enorme quantidade de energia. Esta seria a força do amor incondicional.

– Já sei! – exclamou Verônica. – Vamos utilizar a força do amor no Unicraniano. Aliás, utilizar a força do amor seria, exatamente, convencer o arcebispo de nossos propósitos com uma história carregada de amor incondicional, com cores e poesia. Vamos sugestioná-lo com uma metáfora. Assim, nós vamos abalar aquele coração Unicraniano, comandado pelo domínio do poder, fazê-lo sair de seu lugar e levá-lo para o lugar do próximo, mudando seu padrão vibratório, o que seria suficiente para que ele colaborasse conosco e nos desse a caixa. Vamos criar uma história-metáfora de amor incondicional e sugestionar no arcebispo um sentimento que irá gerar o impulso energético para sua evolução!

– Uma metáfora de amor incondicional para o Unicraniano?! Acho que a gente está viajando demais na "maionese" – disse o quase confiante Edgar. – Bom, vamos lá então! Fazer o que, não é?

O amor incondicional passou a ser a entrega ao próximo.

A missão estava dada e, para o bom guerreiro do Onisciente, missão dada é missão cumprida.

Edgar e Verônica partiram para o aeroporto na tentativa de antecipar o voo de retorno à sua cidade, onde também encontrariam o arcebispo.

Conseguiram e decolaram de volta, já costurando dentro do avião a história poética e multicolorida que iriam contar para o Unicraniano.

A janela do avião mostrava um dia claro-azulado com um brilho de fundo produzido por um sol que não se podia ver, e isso foi uma ótima inspiração.

Já desembarcaram com um rascunho de uma história em que a missão da igreja sempre foi para os mais necessitados e que São Francisco de Assis entregou toda sua vida ao próximo, como Jesus, o humilde pescador de almas, que pediu para amarmos uns aos outros como nos amou, e por aí vai. A história já estava bem fundamentada no papel. Teriam agora que entregá-la ao inconsciente do arcebispo para alterar seu padrão vibratório, fazendo com que ele se voltasse para o próximo, para o bem da humanidade e liberasse a continuação do livro.

A estratégia estava praticamente pronta e até que não era má. Restava agora conseguir falar com o arcebispo para marcar uma reunião, algo que não seria tão simples como eles pensavam ser. Mais um osso duro de roer.

Edgar, então, se encarregou de ligar para a arquidiocese. Ao pedir para falar com o arcebispo foi informado de que este não atendia ligações telefônicas, apenas recebia visitas pessoais e que seria necessário marcar horário para uma avaliação prévia com o seu assessor que, caso aprovasse a visita, ainda poderia levar meses até programar o encontro, em razão da indisponibilidade de horários em sua agenda, ou seja, estava complicada a reunião com aquele Unicraniano.

O cenário era sinistro e ver a metáfora do amor incondicional engarrafada no trânsito burocrático da agenda de uma celebridade eclesiástica gerava aflição em seus corações.

Diante do impasse, surgiu no cérebro acelerado de Verônica uma solução que começou a melhorar as possibilidades. Ela ligou para a arquidiocese e se apresentou como uma repórter de importante revista semanal e que tinha o interesse em entrevistar o Reverendíssimo para colocar à disposição de seus leitores suas ideias pessoais e os valores da Igreja. Eis que, a partir daí, o interesse mudou e o atendente pediu que ela esperasse um pouco para transferi-la para a assessoria de imprensa da arquidiocese. Foi possível perceber a mudança de clima apenas ouvindo a diferença no tom de voz do recepcionista. Quando foi atendida pelo assessor, repetiu a história de jornalista e foi muito bem recebida por este que, mesmo sem sequer conversar com o arcebispo, puxou sua agenda e marcou a "entrevista" para a tarde do dia seguinte. Era incrível como os Unicranianos gostavam de mídia!

Cenário clareado, fardo mais leve e empolgados com o feito, Edgar e Verônica, um tanto afoitos pela agenda em cima da hora, começaram a preparar a farsa do jornalismo e a metáfora do amor incondicional que ainda precisava de um último retoque. Tudo para ontem, ou melhor, para amanhã. Estavam, realmente, animados com a brincadeira perigosa, pois a excitação na pele falava mais alto que o frio no estômago.

De volta ao seu hotel de segurança, onde pretendiam ficar o quanto pudessem, até porque tinham conseguido um bom desconto pela compra de diárias em uma empresa de viagens, foram para o quarto ensaiar a trama que os levaria ao poder da criação. Sentiram-se como atores na véspera de um espetáculo. Aquele quarto de hotel já servia de base de apoio para suas aventuras. Aliás, os dois dividindo aquele quarto de hotel naquele inverno frio gerava um sentimento agradável para ambos.

Verônica, como sempre muito esperta, conseguiu com um amigo uma câmera fotográfica profissional e um minigravador emprestados, assim já estavam com toda a aparelhagem necessária para se passarem por repórteres. Enfim, até aquele momento, tudo era alegria colorida e, melhor, quase tudo já havia sido preparado ao longo do dia e, como já era tarde da noite, foram dormir para concluírem a preparação estratégica no dia seguinte.

Pela manhã, acordaram bem tarde, o que foi bom, porque aproveitaram para descansar mais o corpo e recuperarem-se bem para o dia muito louco e perigoso que estava pela frente. Edgar, que estava bem entrosado com a cozinha do hotel, conseguiu descer e obter alguma coisa para comerem. Diga-se de passagem, a visão do café da manhã do hotel era sempre das mais agradáveis do dia: havia aqueles pães diferenciados, queijos oriundos de várias nacionalidades e frutas frescas multicoloridas; a visão matinal era espetacular, que o diga seus estômagos.

Um pouco mais tarde, com tudo pronto e memorizado, decidiram descer para almoçar em um restaurante próximo ao hotel e, em seguida, partir direto para a arquidiocese, dada a proximidade do horário combinado para a entrevista. Eles também não tiveram tempo, sequer, de saber sobre Mônica ou de avisar Lauro, apesar de estarem sentindo uma intuição no peito para vê-los. Combinaram também não revelar essa atual estratégica de buscar o livro junto ao arcebispo para Lauro, em função da forma que estavam lidando com a situação, mesmo sabendo do enorme risco que corriam e que, àquelas alturas, uma ajuda policial seria muito bem-vinda. Entretanto, naquele momento, estavam ouvindo mais o sentimento que a razão.

Chegaram ao local na hora combinada e se perceberam realmente com muito medo. As pernas estavam bambas e a respiração descompassada. Agora a conversa era séria e não havia para onde correr. A vontade de dar meia-volta e sair dali era grande, mas sabiam que não tinham essa opção. Estavam conscientes de que a história seria escrita e eles queriam ser escritores, mas seus bloqueios forma-medo-pensamento não lhes deixavam confiar e a apreensão persistia. Sabiam que juntos eram muito fortes, mas mesmo esta fortaleza da comunhão tinha seus limites. A verdade era que o medo predominava e predominou até que eles se apresentaram na recepção da catedral que sediava a arquidiocese.

Repentinamente, vendo aquele lugar suntuoso e místico, seus sentimentos menores foram substituídos por outros melhores, inspirados por aquela visão. Dadas a grandiosidade e a majestade daquele local, os dois foram tomados por um espírito aventureiro nas mesmas proporções. O fato é que suas catedrais interiores se abriram; eles eram os senhores das histórias e estavam em missão. Nada poderiam temer, pois estavam com a coroa do mestre e com a farda de seus guerreiros. "*Agora é a hora da verdade, e o Unicraniano que se cuide, porque a força está do nosso lado!*"

Ao receber as credenciais na recepção, foram encaminhados para a portaria do escritório da assessoria de imprensa e recebidos por um senhor de meia-idade que se apresentou como o responsável. Combinaram os limites da reportagem, bem como de que forma o arcebispo gostava de ser retratado e fotografado. Atendidas as vaidades do clérigo, estavam preparados para encarar o arcebispo e parecia que a enganação vinha funcionando muito bem até aquele momento, ao menos ainda estavam inteiros.

Foram conduzidos pelo assessor até a sala do arcebispo e, até chegarem lá, realmente não puderam deixar de continuar reparando na suntuosidade do local.

Nos amplos e espaçosos corredores, tinham tapetes multicoloridos onde predominavam o violeta e o lilás. Havia bancadas com peças de mármore branco e marfim, com adornos dourados que estavam por toda a parte. Quadros, os mais belos, estavam espalhados pelas paredes irretocavelmente pintadas ou revestidas com extrema beleza. O teto com acabamentos em gesso em tom dourado, por vezes prateado, possuía uma iluminação com os mais belos lustres. Era tudo muito deslumbrante. Se o Unicraniano não tivesse poesia e cores, isso só poderia ser interiormente, porque externamente era o que não faltava naquele lugar.

Enfim, chegaram e estavam frente a frente com o arcebispo. Sua aparência era extraordinariamente bela. Tratava-se de um senhor acima de 60 anos. Isso era o que se revelava apenas pelos lisos cabelos brancos muito bem penteados para trás e pelo formato arredondado de seu rosto. A pele de sua face era lisa e não apresentava rugas, era de um tom branco avermelhado que denotava suavidade. Seus olhos eram incrivelmente expressivos, com sobrancelhas muito bem desenhadas e pupilas azul-claras, por sinal muito claras. Usava uma linda batina preta com uma faixa na cintura e detalhes em vermelho cintilante, além de vários acessórios religiosos, como anéis de ouro com símbolos em pedras preciosas e um grande colar com um crucifixo de madeira na altura do peito. A beleza de sua presença junto à imposição física de um homem com mais de um metro e noventa de altura e corpo largo e forte realmente encantava e, ao mesmo tempo, intimidava, principalmente, considerando ser um Unicraniano.

Medos e encantamentos à parte, os "jornalistas" prepararam todo o *setting* para a realização da reportagem, escolhendo a melhor posição para captação da imagem e para o conforto do arcebispo. A repórter Verônica então começou a entrevistar:

– Senhor Arcebispo, a Igreja se notabiliza por estar voltada para os mais necessitados, e o senhor é tido como um dos mais influentes ativistas das causas sociais. O senhor poderia me falar um pouco mais sobre isso?

– Sim, agradeço às suas palavras e, de fato, vejo como missão da Igreja Católica amparar os mais carentes, mas lembrando-se sempre de todos os seus fiéis. Eu, realmente, tenho feito o possível para conscientizar aqueles que possuem a responsabilidade social de fazer ações em direção aos mais carentes.

– Obrigada. Então, o senhor entende que a Igreja deva estar voltada para todos, principalmente, os desassistidos, isto é um ato de amor?

– Claro, minha jovem! Nós devemos amar uns aos outros como Jesus nos amou; afinal, é dando que se recebe e é perdoando que se é perdoado. O pastor deve amar suas ovelhas; e a Igreja ama a todos.

– O senhor é muito sábio e entrega sempre esta sabedoria a todos nós. É reconhecido como um homem muito generoso em todos os sentidos. Muitos fiéis o consideram um santo. Como o senhor vê tudo isso?

– Eu sou apenas um humilde servo de Deus, minha filha, e agradeço de coração àqueles que apreciam meu sacerdócio.

A entrevista continuou desta maneira por pelo menos 30 minutos, com Verônica fazendo perguntas de forma a sugestionar o amor incondicional no Unicraniano. O objetivo era que aquela consciência desse um salto quântico e fazê-lo cooperar com a evolução daqueles que buscam o conhecimento.

Ao término das perguntas que havia elaborado, Verônica se preparava para ir direto ao assunto e falar sobre ela e Edgar, pedindo que pudessem ter acesso e ler a continuação do livro. O propósito seria comprovar se aquele toque de amor incondicional tinha surtido efeito. Era a hora da verdade e a adrenalina inundava seus cérebros quando, então, o arcebispo lhe perguntou:

– E aí, acabou a tentativa de conversão?

– Como assim? – perguntou Verônica desconfiada.

– A tentativa de vocês de alterarem meu padrão vibratório por sugestão já acabou? – disse o arcebispo em tom sério.

Edgar e Verônica logo perceberam o contexto e se viram em situação perigosa. O arcebispo sabia de tudo o que estava acontecendo ali e sua reação era imprevisível. O sangue gelou e o futuro não era promissor.

Não lhes restava outro caminho a não ser irem direto ao assunto:

– Por favor, senhor arcebispo. Gostaríamos de ter acesso ao livro do Mestre das Ilusões, precisamos deste conhecimento. Buscamos nossa evolução e, para isso, precisamos ler a parte do livro que se encontra aqui na arquidiocese. O senhor pode nos permitir este acesso? – pediu Verônica em tom de súplica.

– Vocês são realmente muito ousados, vindo aqui com uma artimanha, tentando me hipnotizar e imaginando que eu não soubesse o que estava acontecendo o tempo todo, ou como se já não tivesse todas as informações sobre vocês há tempos. Estou há muito tempo atrás de vocês e agora tenho certeza de que já leram os três primeiros capítulos do livro, já que vieram aqui buscar a continuação. Vocês acharam mesmo que sairiam daqui com o livro? Acham realmente que sairão daqui vivos?

A Força Vibratória das Almas Gêmeas

Nisto já se aproximavam três enormes seguranças mal-encarados e ameaçadores se posicionando por trás de Edgar, que por sua vez estava atrás de Verônica. Ao sentirem a situação piorar, partiram para o que lhes restava, ou seja, argumentar. Edgar, que já havia sido convidado por um segurança para se sentar ao lado de Verônica, disse:

– Reverendíssimo! Não queremos arrumar confusão. Apenas sentimos a necessidade de conhecer o livro por completo para evoluirmos em consciência.

– E quem disse que nós queremos que vocês evoluam em consciência? Nós queremos que vocês fiquem exatamente onde estão e sob o nosso controle! As consciências deste plano representam um perigo para todos. Você julga que o fato de ter alcançado um nível mais elevado o faz um representante de todo este lixo que está aqui, mas está errado. Vocês precisam ser controlados, pois não podemos liberar o poder da criação para animais. Se permitirmos isso, vocês, com certeza, arrebentam a estrutura da malha dimensional instantaneamente. Vocês não estão preparados para isso, e o perigo que isso representa pede que eliminemos os poucos de vocês que ameaçam o todo, ao tentarem revelar o que precisa ficar oculto.

– Espere aí! – disse Verônica rodando a baiana. – Quer dizer então que vocês destroem as consciências mais evoluídas do plano para preservarem aqueles que você chama de animais. Não há uma incoerência aí? Ou talvez seu verdadeiro objetivo seja criar um aprisionamento mental para perpetuar uma escravidão que sirva a seus propósitos?

Verônica estava alterada e os seguranças estavam mais próximos dela, naquela altura.

– Ora, sua petulante! – disse o Unicraniano. – Não me venha ensinar sobre o plano da criação, pois vocês nada entendem disso. Não sabem a quem sirvo nem quem é o meu mestre. Pensam realmente que todas as consciências criadas precisam necessariamente retornar ao único, assim, sem controle. Nem tudo é para todos!

Levantando-se de sua poltrona e caminhando até a linda escrivaninha de sua sala, o Unicraniano abriu uma das gavetas e puxou a caixa de couro da sabedoria e do poder e voltou a sentar-se:

– Eu não tenho permissão para destruir isto aqui – disse o arcebispo balançando a caixa com a mão. – Mas se tivesse, já teria destruído todos os seus pedaços, pois a vibração destas palavras põe em risco tudo o que lutamos para manter estável. Minha missão agora é recuperar todos os capítulos. Vocês entenderam?! Não adianta os Diacranianos ficarem tentando tirar consciências de nosso domínio, pois isso nós não permitiremos.

– Mas qual diferença faz para vocês se algum de nós tiver acesso ao livro? Se forem apenas aqueles que estão preparados para o conhecimento, que diferença isso fará para o todo? – perguntou Edgar.

– Vocês não compreendem mesmo. Acham que podem absorver esta energia e guardá-la para si. Acham que podemos correr este risco, principalmente hoje, com este mundo globalizado e cheio de acessibilidade digital? Só o fato de receber esta vibração já contamina os outros e eu sei que também tentarão libertar os demais, pois este objetivo passa a ser da natureza de quem recebeu esta energia consciente. Lamento, mas precisamos eliminar todos os que experimentaram esta vibração, uma vez que o risco de vocês criarem uma história conflitante com a estabilidade deste plano é muito grande e estas criações tendem a multiplicar muito rapidamente e também, por ressonância, essa vibração contaminaria a todos velozmente. Assim, vocês terão que ser eliminados.

O momento era decisivo na vida daqueles dois amigos. Era derradeiro. Naquela situação que ali se encontravam, não conseguiam temer por sua própria vida e só conseguiam ter uma única preocupação: a vida do outro.

Tudo o que queriam, no íntimo de suas consciências, era que o outro estivesse a salvo.

Edgar, não suportando o que pudessem fazer com Verônica, disse em tom de apelo:

– Eu confesso! Li os três primeiros capítulos do livro e os mantenho guardados, porém ela não leu, apenas escutou algumas poucas coisas que falei a respeito. Por favor, não façam nada a ela! Ela não possui a vibração! Ela não leu! Por favor!

Ver algo acontecer com Verônica seria a pior morte que ele poderia sentir. Ele não aguentaria!

O arcebispo chegou bem perto e olhou fundo nos olhos de Edgar com um ar ameaçador, acompanhado de seus capangas. Nessa hora, Verônica exclamou chorando:

– Mentira! Li sim, seus covardes! Li porque quero evoluir e de nada me arrependo! Ele só está tentando me proteger, mas foi ele quem não leu. É a mim que vocês querem e não a ele! Deixe-o em paz, ele não pode lhes fazer mal!

Naquele exato momento, o olhar do arcebispo mudou, bem como sua expressão. Tinha certeza de que os dois haviam lido o livro, porém estava confuso sobre aquela doação mútua que estava presenciando. Ele, como um ser analítico e racional, não conseguia compreender o que se passava naquele momento, pois a situação, por alguns instantes, lhe deixou sem saber o que fazer. Era uma singularidade. Realmente estava confuso para poder entender o que se passou ali naquelas súplicas voltadas para a preservação do outro e não em causa própria. Diante de suas dúvidas e certa confusão mental, decidiu adiar o destino da dupla, ordenando que seus lacaios os mantivessem presos em um dos quartos da catedral, sob vigilância constante, para que mais tarde decidisse como seria finalizada a história dos dois. Após os comandos mortais aos seus carrascos, o arcebispo seguiu para outro compromisso de sua agenda santa e missionária.

Edgar e Verônica foram levados juntos e, mais do que nunca, juntos, para um pequeno quarto trancado com chaves onde foram amarrados e amordaçados. Ficaram ali por quase uma hora. Não conseguiam falar, mas conseguiam se olhar e com isso ouvir o outro em seu silêncio. Nunca estiveram tão próximos e com tanta certeza de que escolheram o caminho certo: o caminho da leveza do ser.

Acontecesse o que tivesse de acontecer, amanhã seria um dia melhor! Após uma hora, ao ouvirem o destrancar da porta, mesmo diante de um destino que parecia inevitável, somente conseguiam sentir orgulho de sua amizade e do outro. Porém, com a abertura da porta, se surpreenderam com uma imagem feminina uniformizada. Era uma das arrumadeiras da catedral, que se aproximou, começou rapidamente a desamarrá-los e, assim que o fez, disse-lhes:

– Tomem, levem isso! – mostrando a caixa da sabedoria. – Não tenho muito tempo, distraí o segurança e peguei as chaves da porta. Levem o livro que ele pertence a vocês!

– Como assim? Quem é você? – perguntou Verônica.

– Você é uma Diacraniana? – perguntou Edgar se confundindo com o gênero.

– Não! Não sou uma Diacraniana, sou apenas uma amiga de vocês. Trabalho para o Mestre das Ilusões. Talvez vocês gostariam de me chamar de "Anjo", muitas vezes fomos reconhecidos assim, mas sou apenas uma operária do meu mestre.

– Você é uma Ilusionista Evolutiva e está nos amparando! – disse Verônica.

A "arrumadeira" sorriu e disse-lhes:

– Hoje vocês ensinaram para uma consciência menos evoluída o que é o amor incondicional. O ensinamento não foi com palavras e, sim, com o sentimento que vocês manifestaram e com a energia que geraram. No momento em que se entregaram ao próximo, no caso um ao outro, vocês geraram a energia que conseguiu tocar o arcebispo. Esse toque mexeu com sua crença e mudou sua história. Ele agora ficará confuso, até absorver em seu campo vibratório o novo tom que vocês ali imprimiram.

A história que ele presenciou ao observar vocês lhe demonstrou um sentimento e o reflexo desse sentimento o atingiu, o qual foi reconhecido por sua consciência fria que impregnou nele um novo e desconhecido impulso consciente, portanto, a breve experiência poética do arcebispo movimentou sua consciência e o confundiu. Com isso vocês ganharam tempo e também este prêmio. Cuidem bem do livro! Agora vão! Eles já estão voltando! Saiam andando rápido por aquele corredor e logo vocês partirão daqui com segurança. Vão!

E eles disseram o obrigado mais profundo de suas vidas à arrumadeira que arrumou sua história, e o fizeram com a entonação da maior beleza e poesia que podiam agregar. Seguiram por aquele corredor que os levaria para fora daquele lugar e para mais próximos da Onisciência.

Era um misto de vitória, alívio e algo mais. Sentiam que a maior necessidade de suas essências naquele momento era uma conversa. Uma conversa entre Edgar e Verônica. A mais franca possível. Aquela que vem da alma, que vem por um chamado e não é preparada, pois só a verdade cabia naquele momento. As imagens e os disfarces racionais iriam tirar uma licença poética e só o coração poderia falar.

Procuraram, ainda com a caixa na bolsa de Verônica, aquele bar que era o bar deles. Agora eram eles e apenas eles. Não mais superficialmente, mas aqueles que haviam mergulhado com a consciência nas profundezas da inconsciência e mais próximos do Onisciente. Edgar e Verônica sentaram lado a lado na mesa onde costumavam ficar frente a frente e conversaram olho no olho:

– Não poderia suportar que algo acontecesse com você – disse Edgar. – Em todos esses anos que eu te conheço, sempre te respeitei, mas agora sinto que minha relação com você é muito mais profunda. Sinto que ela não vem deste plano e vai continuar mesmo em outros planos. Nunca percebi isto tão vivo como hoje, justamente no dia em que viver era apenas um detalhe. Senti você como meu complemento ou como uma metade que, por não possuir, vejo como mais importante que a mim mesmo, pois você representa a melhor parte do que não tenho. Não quero definir este momento, mas vê-la bem, onde quer que seja, é aquilo que considero mais importante para minha consciência e evolução.

Verônica lhe respondeu se aproximando e beijando-lhe com toda a inefável leveza de seu ser. Beijaram-se com a mais profunda consciência que haviam alcançado e com a maior beleza que podiam significar. Era o beijo do amor incondicional. A partir dali, o amor incondicional, para ambos, nada mais era do que o próprio caminho de retorno ao Único, representado pelo movimento inevitável de nossas consciências ao se deslocar nesta direção, buscando alcançar o que está faltando. Um processo significado pelo amor de almas gêmeas que se atraem para fornecer mutuamente o alimento essencial à evolução: o complemento.

E aquele beijo... Que nada pareceria incondicional para quem o observava de fora! Era realmente o significado maior de nossa evolução na forma do complemento da criação, pois uma criação complementada, ou completa, não é mais uma criação e sim o próprio criador.

Separaram suas bocas na certeza de que aquele beijo nunca iria acabar, nem no fim da criação.

Ainda sem realizarem totalmente o que havia acontecido e com um garçom se aproximando da mesa, recompuseram-se e retornaram a seu lugar racional, frente a frente. Obviamente que seus olhares estavam diferentes e indicavam que aquilo ainda ia dar muito pano para manga. Assim, sem esquecer o amor mútuo, começaram a conversar sobre os acontecimentos:

– Edgar, a arrumadeira era um Ilusionista Evolutivo ou um anjo! Dá para acreditar? – disse a levitada Verônica.

– Nossa! Incrível! O amor incondicional foi transmitido por um sentimento e não por palavras. Aprendemos que a força do complemento, ou a necessidade de completar, é a força maior do plano da criação que gerou o sentimento e sugestionou a história do arcebispo. Realmente as palavras vêm depois de tudo isso. O Diacraniano nos ensinou a manipular sentimentos – refletiu Edgar.

– E o anjo em forma de arrumadeira? – destacou novamente Verônica. – Que lindo! Só agora a metáfora da busca pela continuação do livro se completou, no momento em que sentamos aqui! Tudo sincronizado. O aprendizado só surge mesmo com o final do filme.

– É! Só agora passou o filme... E os Ilusionistas Evolutivos deram as caras! No fundo, acho que eles nos amparam há muito tempo. Eu mesmo já me vi em cada situação que pensei ser o fim e, de repente, havia a mão de um desconhecido para ajudar. Só que hoje houve a confirmação. Demais!

– Edgar, você ainda acha que eles virão atrás de nós, mesmo depois das ressignificações do arcebispo?

– Acho que sim. Isto é muito maior do que pensamos. Há todo um plano de consciência por trás dos Unicranianos. Só mesmo os Diacranianos para mudá-los em definitivo. Ainda corremos perigo, talvez ainda mais do que antes. Afinal, tivemos a ousadia de tomar o livro das mãos do Unicraniano-Chefe em nosso país.

Continuaram ali revendo os acontecimentos e lembrando os detalhes. A aventura realmente continha beleza e muito significado e revê-la gerava uma sensação muito agradável.

Horas se passaram naqueles momentos de relaxamento até que decidiram ir, já tarde da noite, fazer uma visita para saber do estado de saúde de Mônica. Foram para o hospital e receberam a informação na recepção da enfermaria de que ela estava se recuperando bem e teria alta pela manhã, mas que, em virtude do horário, a visitação já havia encerrado. Relaxante foi a informação, pois indicava que ela estava bem de saúde. Edgar e Verônica decidiram, então, voltar para o hotel e definir os próximos passos. O primeiro seria, certamente, devorar a energia do livro lendo sua continuação. Não viam a hora de começar a degustação do saber.

Quando chegaram ao quarto, colocaram o livro sobre a mesa para prepararem o ritual de leitura. Estavam sozinhos e sem ninguém para atrapalhá-los. Por uma fração de segundo, tomaram conhecimento dessa solidão a dois, olharam-se e viram cores e poesia um no outro. Viram o amor incondicional pedindo passagem e mesmo a busca pelo conhecimento do livro não poderia conter aquela força. Incontroláveis, se aproximaram em um frenético embaralhar de abraços, beijos e amor, atirando seus corpos sobre a cama e experimentando o lado sexual do amor incondicional! Nunca haviam experimentado o sexo daquela forma. Era o amor mais generoso, altruísta e infinito que poderia existir, aquele dado de modo livre, independentemente do que um podia receber do outro. Era um prazer divino. A energia iniciava embaixo e subia imediatamente na velocidade do pensamento, para além de si mesmos. Uma viagem pelo mundo do prazer do "verdadeiro amar" e não tinha fim. Era divino, lindo e evolutivo. A energia gerada os levava a lugares muito mais belos que a beleza de todas as catedrais, e todas as cores estavam presentes, com cheiro e sabor. Nunca mais deveria acabar. Tinha que ser a ilusão derradeira. Para que outra? Já não sabiam mais de onde vinha a energia, só sabiam que giravam com sua espiral, às vezes cristalina e outras multicolorida. Não havia mais o tempo e o espaço, pois a velocidade do amor perfeito transformava tudo em uma coisa só, e logo em outra e em outra. Era holístico. Todo o universo estava presente dentro deles, assim como eles estavam presentes dentro do universo. Os acordes do amor os levavam em uma viagem interior de uma nota sem fim; era muito prazer, muita beleza e muita luz envolvidas. Conseguiam se amar e, ao mesmo tempo, agradecer a consagração daquele momento e agradeceram e agradeceram, até dormirem juntinhos no prazer do verdadeiro amor e um tanto mais próximos da Onisciência.

O amor incondicional passou a ser "os encontros" que levam à Onisciência.

Parte VII

"Não permaneça nesta parte do conhecimento se não for para obter o Poder da Criação."

Mestre das Ilusões

7.

A Consciência Cria a Realidade

Santíssima Trindade: a Atenção Manifesta a Realidade Experimentada

No dia seguinte Edgar acordou tarde com um doce beijo de Verônica, que já havia tomado o café da manhã do hotel, bem como trazido o do seu amor, exatamente como ele gostava. Foi um feliz amanhecer com a visão daquela mulher que a cada dia ficava mais linda, com o ouvir do estalar do doce beijinho e com o sentir de um corpo cheio de energia sexual sublimada. Era a melhor metáfora do despertar.

Verônica já estava vestida com roupa para a abertura de caixa sagrada e esperava o seu decodificador de dedos ágeis para abri-la. Em pouco tempo, Edgar também estava preparado para o ritual de abertura e fardado com sua roupa de abertura de caixa da sabedoria. Ele se aproximou da caixa, junto de sua nova amada ressignificada, e em um "click" a caixa se abriu. Verônica desta vez não se surpreendeu, mas perguntou assim mesmo:

– O que foi desta vez, assim tão rapidinho?

– A data de ontem – disse o sucinto Edgar.

Tinha que ser a data do dia de ontem e nenhum dos dois tinha dúvidas disso. A caixa estava aberta e a continuação do livro do Mestre das Ilusões pronta para ser saboreada:

* * *

Capítulo IV
O Domínio sobre a Ilusão

Já lhes ensinei sobre a existência de vários planos de consciência e, a esta altura, os que conseguiram acessar e ler o livro já estão com estas palavras impregnadas em sua vibração. Estou aqui neste plano, em que deixo escrito o livro, para ensinar os que são desta dimensão sobre o poder da criação ou sobre o poder da ilusão. Saibam, então, que a referência é o nível de consciência local, porém não os mais superficiais e, sim, aqueles mais evoluídos que conseguiram chegar à frente deste conhecimento. Estas palavras são adequadas a vocês.

No ponto a que vocês chegaram não há mais volta e deste plano vou lhes resgatar. Vocês serão mestres criadores e assumirão todas as responsabilidades que isto implica, pois foram vocês que escolheram, e não há retorno; e o poder serve aos dois lados. Portanto, tenham controle e sejam disciplinados para seu próprio bem e para o bem do seu próximo, pois vocês também assumirão responsabilidades com os outros.

Eu afirmei que minha sugestão original foi separar do Onisciente a consciência e a beleza; a partir daí várias combinações e um desenrolar de sugestões operam no caminho do retorno. A dualidade é o bailado da criação.

Meu propósito foi gerar movimento consciente e, com isso, gerar uma aceleração vibracional necessária para a manutenção do brilho Onisciente, pois as consciências jamais deixam de ser a Onisciência e, quando produzem a aceleração vibratória em seu retorno, esta aceleração também é Onisciência e, assim, todo o processo se alimenta.

O percurso entre as consciências separadas e o Único é um caminho complementar que possui uma força de atração. O impulso desta força é significado dentro de suas realidades experimentadas, em um processo que envolve o pensamento, o desejo e a vontade, ou a Santíssima Trindade. Portanto, esta tríade pode ser apresentada como a responsável pelo processo de criação dentro do plano de consciência.

Por outro lado, as histórias criadas produzem sentimentos e emoções que geram uma energia, que pode ser acumulada e direcionada para acelerar o processo de retorno à Onisciência.

Em toda esta dinâmica do plano da criação também são lançadas sugestões em forma de metáforas, que estão à disposição dentro do inconsciente para as escolhas conscientes. Meus operadores me ajudam nestas sugestões e também amparam vocês e os guiam.

Agora vou lhes ensinar como criar ilusões dentro deste plano de consciência capazes de produzir anomalias na realidade experimentada, fenômenos, e também irei lhes ensinar a dominar a criação de todo um plano de consciência.

Se vocês conseguirem dominar o poder da criação de todo um plano, compartilhado com consciências de um mesmo nível de expansão, também receberão a capacidade de se movimentar para planos de consciências mais densos com a missão de guiar e amparar as consciências locais.

A disciplina e a obediência ao plano criador já são características das consciências que chegaram a este nível de expansão.

Na dinâmica planejada para a criação, dentro desta faixa de consciências, os pensamentos são criadores e serão materializados por meio do desejo e da vontade.

Sempre que um pensamento é gerado, uma forma arquetípica é criada, porém para que esta "forma-pensamento" seja materializada, ela precisará ser plasmada pelo desejo e pela vontade.

O plasma, portanto, é um estado intermediário entre a energia do pensamento e a história tida como concreta.

O pensamento criativo, que será plasmado, produzirá imagens necessárias para expressar o movimento interior de atração ao Único, ou a própria evolução. Este pensamento vai formular, portanto, uma história que colabore com esse processo.

Ocorre que em um determinado nível da evolução da consciência, as histórias significadas como sua vida já não são suficientes para representar o movimento interior de religação com a Onisciência. É um momento de impasse no plano da criação e foi criado por mim para ser assim.

Se a consciência estiver com o nível de expansão necessário para um salto dimensional e sua velocidade vibracional for incompatível com a dimensão em que está, o pensamento passa então a gerar o que podemos chamar de transcendência, que é uma forma de expressar o que não conhece, porém definindo que, seja o que for, não pertence mais às histórias daquele plano em que se encontra.

Esta consciência vai passar, então, a imaginar e criar imagens que não cabem mais no plano a que pertencem. As consciências, as quais dirijo estas palavras, estão nesta situação, ou seja, plasmando imagens de transcendência.

Entretanto, nesta etapa do curso de poder, vocês precisarão colocar o desejo de transcendência de lado, apenas por enquanto, para poderem alcançar a capacidade de criarem fenômenos dentro desta realidade experimentada, ou seja, quero seu foco aqui, neste plano. Pois o trabalho realizado será indispensável à própria transcendência mais à frente.

Estejam atentos a esta lição:

O desejo e a vontade representam as forças para a materialização das partículas Oniscientes, a partir dos arquétipos já produzidos pelo pensamento. A velocidade em que se dará essa materialização dependerá do nível de concentração da consciência e da energia armazenada. Por sua vez, a concentração depende da atenção, do foco de vocês, e aí está o ponto estratégico. Pois será no controle de suas atenções que ocorrerá a maior disputa dentro do plano da criação, uma vez que a manifestação criativa depende da observação consciente.

Quanto menos desvios estiverem bloqueando a concentração, mais rápido vocês conseguirão manifestar fenômenos, dentro do plano de consciência, por meio de suas vontades e de seus desejos.

Agora vocês irão aprender como impedir que os desvios sugeridos aprisionem suas atenções. Vão aprender também a desrespeitar limites e bloqueios ao fluxo criativo, que foram inconscientemente sugeridos por vocês mesmos e que os ancoram em suas vidas, bem como aprenderão a manifestar criações individuais dentro da realidade experimentada coletiva, na velocidade do pensamento. Este será apenas o primeiro passo, para em seguida lhes ensinar como criar todo um plano de consciência.

Inicialmente, vamos imprimir uma vibração definitiva em suas consciências, com a certeza de que a realidade experimentada é frágil e pode ser alterada por dentro. Ou seja, vamos criar fenômenos inexplicáveis pelos conhecimentos deste plano de consciência, pois este poder servirá de base para outros processos.

Sigam exatamente o que for determinado, sem pular etapas e, em pouco tempo, lhes mostrarei um novo mundo. Sigam rigorosamente, pois isto não será nada difícil fazer e, no fim, vocês não terão qualquer dúvida sobre o caráter ilusório da realidade experimentada.

Desconstruindo a Realidade Concreta: os Quatro Trabalhos

Capítulo V

Vocês precisam estar convencidos de que sua realidade experimentada não é absoluta, pois esta certeza trará o impulso vibratório que será necessário para a transcendência completa deste plano.

Neste momento, serão apresentados quatro trabalhos: executem-nos e, assim, percebam que a sua realidade é relativa, ou apenas uma entre diversos outros planos de consciência.

Realizem os trabalhos, apenas, até alcançarem os objetivos propostos:

Primeiro Trabalho

Os seres que atingiram um alto nível de expansão de consciência já podem se manifestar por entre dimensões e, portanto, podem ser chamados de multidimensionais. Estas consciências são orientadas – e seguem uma lei do plano da criação a manifestarem-se para aqueles que as chamarem, desde que mantenham sua concentração e atenção firmemente focadas no contato.

A manifestação de consciências multidimensionais nesta dimensão é tida pela consciência coletiva como uma anormalidade e impossível de acontecer. Então vamos provar que este impossível, ou este limite bloqueador, não existe. Isto vai revalorizar algumas de suas concepções e produzirá um impulso vibratório interior que precisamos neste momento. Façam da seguinte forma, começando por um contato de terceiro grau:

Aguardem chegar uma noite, com o céu aberto e totalmente sem nuvens. Um céu estrelado. É preciso ser noite e o local precisa ter pouca ou nenhuma iluminação para vocês poderem assimilar o efeito luminoso que será lançado em sua direção. Entendam, não é só para poder ver melhor, mas também para que a percepção absorva a vibração contida naquela manifestação luminosa.

Ao chegarem ao local, vejam uma forma de ficar deitados ou com uma inclinação que lhes permita ver o máximo possível da abóboda celeste. Antes de deitarem-se ou sentarem-se, façam o que lhes digo: com a mão direita esfreguem o lado direito de seu pescoço. Esfreguem 15 vezes a mão pelo local, em três posições diferentes, ou seja, um total de 45 movimentos, sendo: 15 vezes em sentido vertical, 15 vezes em sentido horizontal e 15 vezes em círculos. Isto provocará uma ativação em um transmissor que está presente em seu programa físico e que possui estrutura vibratória compatível com níveis superiores, o que levará à captação do sinal. Após esta ativação inicial, vocês ainda farão outra, colocando os dedos indicador e médio nas têmporas direita e esquerda, com as respectivas mãos, segurando com o polegar, os dedos anelar e mínimo. Após posicionarem os dedos, comecem então a mentalizar uma luz dourada saindo do centro de suas testas e indo em direção ao céu, como se fosse um disparo luminoso naquela direção. Estejam certos de que a luz mentalizada existe, tanto quanto tudo o que está em sua volta, e irá ser captada junto à frequência da consciência emissora.

Em seguida, deitem-se e relaxem deixando seus pensamentos soltos e mantendo o olhar atento para o céu, para as estrelas e planetas. Aguardem 49 minutos nesta posição e, ainda atentos, pois a qualquer momento as consciências multidimensionais irão se manifestar. Está na minha lei. Após uma manifestação que não deixe dúvida em seu interior de que se trata de uma comunicação inteligente, encerrem este trabalho. Caso não tenham conseguido neste dia, tentem em outro, pois em alguns momentos seu relaxamento fica muito comprometido pela manipulação dual e os bloqueios ficam resistentes. Apenas após passar por esta etapa passem para o trabalho seguinte.

Segundo Trabalho

Busquem conhecimento experimentando uma vez o seguinte trabalho. Os seres multidimensionais foram autorizados a trazer para a sabedoria indígena ancestral um momento de consagração e entendimento holístico sobre o plano da criação. Assim, eles introduziram naquelas culturas uma tecnologia com uma fórmula fitoterápica, que envolve a combinação de duas plantas transformadas em uma bebida. Esta tecnologia fitoterápica, repassada às tribos indígenas originais pelos multidimensionais, terá um efeito acelerador em sua atividade cerebral.

O trabalho de vocês será experimentar uma vez esse fitoterápico, fruto da combinação de duas plantas, pois esta experiência permitirá derrubar um bloqueio-âncora introduzido e significado em seus corpos físicos, como uma enzima limitadora em seus cérebros. A inibição dessa enzima, com a ingestão da bebida, permitirá uma atividade cerebral ativada e sincronizada em todos os lobos e hemisférios do córtex cerebral. Assim, permitirá não só a experimentação de um estado diferente de consciência, mais holístico, como também reflexões e respostas para as soluções internas de conflitos e dúvidas.

Façam este trabalho uma vez, tendo como principal objetivo experimentar outro estado de consciência, estando ciente de que as imagens que vocês verão representam arquétipos imateriais sendo manifestados em alta velocidade a partir do núcleo Onisciente. Este trabalho permitirá, portanto, uma percepção holística do todo.

Terceiro Trabalho

Neste trabalho, vocês também terão de experimentar outro estado de consciência diferente do habitual, mas, agora, vocês experimentarão dois planos de consciência simultaneamente. O objetivo é relativizar a realidade experimentada, como única forma de existência.

O trabalho consiste em vocês manterem-se lúcidos em dois planos diferentes de consciência, ao mesmo tempo, dominando tudo o que está acontecendo em ambos os planos; ele representa um processo de auto-hipnose com relaxamento e ancoragem. Façam como eu determinar com disciplina, concentração e atenção. Lembre-se de que sua vontade e seu desejo estão se divertindo ao brincar de dominar a realidade experimentada. Façam assim:

Memorizem palavra por palavra do texto que irei lhes passar a seguir; após memorizar, totalmente, repitam-no uma vez por dia sempre quando acordarem pela manhã. Mas precisa ser naquele momento em que acabaram de acordar, quando ainda resta um pouco de sono. Concentrem-se, repitam mentalmente as palavras e, em poucos dias, ou tentativas, talvez até na primeira vez, vocês conseguirão experimentar outro estado diferente de consciência sem perder a noção do plano referência em que estão, e ainda terão o controle para fazer tudo o que quiserem no plano criado. Saibam que o plano que irão criar é apenas de vocês, não é coletivo, portanto, a liberdade de criação não possui bloqueios, ao contrário desta realidade experimentada, que é o resultado de uma escolha coletiva limitada por um sistema de crenças. Portanto, tomem estas palavras:

"Dirijo minha atenção para a respiração, inspiro, prendo e solto o ar lentamente; inspiro, prendo e solto o ar lentamente. Vejo e sinto como é agradável respirar. Ouço o ar entrando e saindo de meus pulmões. Percebo como é agradável respirar, e quanto mais respiro mais relaxado vou ficando. Meu corpo está ficando cada vez mais abandonado, solto e relaxado. Agora irei acessar os arquivos de um novo plano de consciência mergulhando em meu interior, sem perder a percepção de minha presença neste plano de consciência. Vou viajar para as profundezas de meu banco de dados interior e experimentar lucidamente outra realidade, sem perder a consciência do plano atual. Vou para o mais profudamente de meu ser e experimentar, vendo, sentindo e ouvindo uma nova história, ao mesmo tempo que me percebo nesta posição. Deixo-me ir fundo nesta nova experiência. Vejo e sinto descendo cada vez mais profundo, sem perder a consciência desta realidade. Mergulho nesta experiência que está cada vez mais ativa e experimento os dois planos paralelamente. Cada vez mais relaxado, muito bem relaxado e experimentando conscientemente outro estado de consciência. Aprofundo cada vez mais em outra realidade de consciência e mantenho ciência da atual. Cada vez mais fundo, mais relaxado, aprofundando mais e mais, e lucidamente consciente dos dois planos".

Sejam laboriosos neste trabalho e, talvez, vocês consigam entrar neste estado já na primeira tentativa, mesmo antes de chegar ao fim das palavras. A experiência poderá acontecer a qualquer momento, porém, se não acontecer, repitam as palavras várias vezes, dia após dia, até alcançarem o sucesso na experiência, que realmente é muito importante para a continuação desses trabalhos. Insistam e sejam disciplinados.

Quarto Trabalho

Vou apresentar-lhes uma distinção que será interessante para o domínio conceitual de vocês, sendo esta a diferença entre a consciência e a mente, pois independentemente dos conceitos que vocês decidirão dar a estas palavras, eu lhes digo o seguinte:

A consciência é um pedaço separado da Onisciência e, por sua natureza, busca o seu retorno, portanto, ela busca o todo, é holística em essência. Podemos até afirmar que a realidade experimentada por vocês, ou o plano de consciência, é formada por nanopartículas de consciência, agrupadas por um programa criador de formas, que utilizam as forças de retorno ao único.

Já a mente é um aspecto da atenção consciente voltada e focada para a realidade experimentada. A mente está direcionada para a história criada pela consciência e sua principal função é a concentração. A concentração, persistente e direcionada, é capaz de "materializar" o pensamento dentro do plano de consciência ou, até mesmo, criar fenômenos que desrespeitam as regras definidas pelo consciente coletivo. A evolução mental, não necessariamente, implica a evolução da consciência, porém quando o poder da mente produz um efeito paranormal este fenômeno é indicativo da relatividade da dita realidade e, portanto, cria um efeito de confiança na consciência que alcançou esta capacidade, e isto é fundamental para o desenvolvimento da própria consciência.

Portanto, é importante que vocês trabalhem a mente por meio de exercícios de concentração voltados a produzir fenômenos que provoquem alterações na estrutura da criação consciente coletiva, pois isto resultará na expansão de suas consciências individuais. Os multidimensionais introduziram várias Escolas Iniciáticas com esta finalidade, ao longo da História. Procurem uma delas e pratiquem os diversos exercícios propostos, que isto abrirá suas mentes e expandirá suas consciências.

Este quarto trabalho não possui tempo determinado para acabar. É um exercício constante que precisa ser praticado, e o desenvolvimento será de acordo com o esforço e a capacidade de concentração de cada mente.

A evolução mental é muito controlada por meus operadores pelo risco que ela representa se for dominada por consciências com pouco desenvolvimento. Nenhuma consciência primitiva tem a capacidade de alcançar poder mental, porém uma consciência expandida em racionalidade, mas pouco evoluída na poesia do amor incondicional, ou na oitava vibratória que significa esse amor, irá usar este poder para dominar outras consciências dentro do plano coletivo.

Portanto, neste quarto trabalho, quero apenas que vocês atinjam uma pequena manifestação, tida como paranormal, com a finalidade de ressignificar a concretude da realidade experimentada e ganhar a confiança de que necessitamos para a expansão da consciência. Façam assim: coloquem uma agulha sobre uma mesa, olhem para ela e imaginem mentalmente ela se movendo dois centímetros; ao mesmo tempo que olham, mantenham este desejo e comecem a buscar no banco de dados de sua memória situações que envolveram fortes emoções ao longo de suas vidas, tanto positivas quanto negativas, em revezamento, inclusive e, principalmente, momentos que envolveram sensações sexuais. Redirecionem estes sentimentos à imagem da agulha se movimentando. Isto se chama polarizar emoções. Fiquem ali o tempo que puderem, polarizando as emoções e olhando, realizando este exercício até que cosigam mexer um pouco a agulha.

Este exercício tem por finalidade demonstrar que o processo de manifestação neste plano, que envolve o pensamento, o desejo e a vontade, passando pela atenção consciente e pela concentração, pode ser fortemente acelerado com a reprodução e direcionamento de histórias carregadas de sensações e emoções, que produzirão um impulso vibratório interior capaz de afetar a realidade coletiva. Isto implica conseguir um rompimento, ainda que pequeno, com o sistema de crença coletivo, e isto é muito significativo, pois será um primeiro passo para romper, inclusive, com o próprio ciclo vital – ou com o envelhecimento e a morte – que representa o condicionamento fundamental desta realidade experimentada. Portanto, a polarização de emoções, ou direcionamento, é capaz de alterar a estrutura do plano de consciência coletivo, e o exercício pretende apenas que isto seja absorvido como verdadeiro em uma pequena escala.

Esses quatro trabalhos apresentados devem ser realizados na sequência em que foram relacionados e rigorosamente como foram transcritos. Eles irão permitir perceber a relatividade da realidade experimentada, além do conhecimento de outros planos de consciência e, ainda, a criação de anomalias e fenômenos dentro da realidade coletiva. E isto dará a vocês confiança para o trabalho maior.

No próximo capítulo, o capítulo final, eu lhes mostrarei como criar todo um novo plano de consciência. Aquele que possuir o conhecimento do final do livro e tiver dominado os quatro trabalhos terá o poder de criação de planos de consciência e será multidimensional.

***

Parte VIII

"Não divulgue este conhecimento, a não ser para os mais próximos de sua vida."

Mestre das Ilusões

8.

O Imperativo da Confiança

Trabalhando a Certeza Onisciente

– Edgar, ainda há um capítulo final!

– Estou vendo, meu amor – disse Edgar olhando para Verônica, que lhe devolveu um olhar recíproco. – E também estou vendo que teremos, além de encontrar o restante do livro, que realizar os trabalhos propostos pelo Mestre.

Naquele momento, nada e ninguém poderiam conter o desejo evolutivo daqueles dois, muito menos conter a força daquele amor. Era um amor evolutivo que levava a complementação Onisciente ao seu final. Era o verdadeiro amor incondicional e nada poderiam temer. Eles tinham a força da atração ao seu favor e apenas deveriam trabalhar para encontrar o saber definitivo.

Pensaram no que poderiam fazer para completar a missão e acabar de contar aquela história. Mãos à obra. Decidiram que iriam realizar todos os trabalhos, mas que, antes de iniciá-los, iriam tentar encontrar e conversar com o amigo, seu Branco. Seus corações sentiam esta necessidade. Enxergavam que aquele sábio e sua sabedoria, com todo aquele conhecimento, poderiam clarear o caminho que iriam trilhar. Mas isto seria à noitinha, que era quando Branco passeava pela praia.

Por enquanto, após a leitura dos capítulos IV e V, precisavam pensar em mudar do seu manjado hotel para evitarem ser localizados pelos Unicranianos. Também precisavam almoçar.

Desceram com suas bagagens, fecharam a conta e partiram para outro hotel próximo dali. Procuraram pagar as despesas com dinheiro, pois temiam ser localizados pela utilização do cartão de crédito e também estavam evitando usar o celular. Tinham virado pequenos adeptos da teoria da conspiração, possivelmente inspirados no *nerd*, já nem tanto maluco.

Também haviam visto muitos filmes policiais no cinema, o que utilizavam como modelo para proteção contra a perseguição dos poderosos.

Acomodados no novo hotel, buscaram um novo restaurante com o objetivo de mudar hábitos. Durante o almoço, planejaram uma visita a Mônica e outra a Lauro, para afiarem as armas dos amigos contra os inimigos. Sentiam que atualizar e trocar informações com os dois iria fortalecer suas perspectivas e, certamente, ouviriam o que aproveitar.

Primeiro foram visitar Mônica, bem cedinho, antes da alta hospitalar e, ao chegarem ao hospital, encontraram-na muito bem-disposta e bem recuperada dos ferimentos que sofreu.

Para Edgar, era como se a tivesse visto pela primeira vez, pois ela não era mais uma paixão, e sim uma bela mulher que remetia à imagem de sua mãe, a saudosa e também muito bela dona Eliane. Edgar havia ressignificado seu sentimento e sua história tinha mudado, ainda assim nutria uma responsabilidade de proteção e querer bem a Mônica, porém as batidas de seu coração agora eram direcionadas a Verônica. Explicaram para Mônica que haviam encontrado o arcebispo, bem como já sabiam o que representavam os Unicranianos de quem ela ouvira falar pelo bispo. Falaram também sobre os Diacranianos e que já haviam lido quase todo o livro do Mestre das Ilusões. Informaram, ainda, que estavam envolvidos até o pescoço e para eles não tinha mais volta, porém alertaram Mônica para se afastar de tudo aquilo, pois, certamente, para ela ainda havia tempo, uma vez que os Unicranianos já tinham mudado o alvo e, provavelmente, do jeito que as coisas caminhavam, eles a deixariam em paz.

Mônica concordou que, após ser surrada, era provável que eles a esquecessem, bem como pretendia viajar para o exterior por uns tempos para preservar sua vida e fugir de tudo aquilo que havia se envolvido. Estava convencida de que este era o melhor caminho e não queria se envolver mais, apenas seguir sua vida. Mônica sempre venerou muito o próprio corpo e ele foi muito machucado, assim queria fugir de tudo aquilo e preservar-se. Porém, estava muito preocupada com a segurança dos dois e sugeriu conversarem abertamente com Lauro. Edgar e Verônica agradeceram a preocupação de Mônica e se despediram, sentindo que a segurança que Lauro poderia lhe oferecer iria mais longe do que se pensava.

Ainda havia tempo para o detetive Lauro antes de partirem para encontrar seu Branco, então se dirigiram à Delegacia de Polícia Civil para encontrá-lo. Era sempre bom ver aquele rosto forte em momentos de insegurança.

Ao chegarem, foram recebidos por Lauro de um modo mais caloroso que o normal, levando em consideração seu perfil introspectivo. Pelo fato de estar preocupado com eles e por vê-los bem, ou pela ansiedade de contar-lhes as últimas novidades de suas investigações, ou mesmo por que talvez estivesse apaixonado por uma mulher hospitalizada, ou talvez por tudo isso, ele estava mais caloroso que anteriormente. Era visível a diferença.

O detetive os informou que havia conseguido ser recebido pelo arcebispo. Contou que havia lhe questionado sobre a denúncia de uma agressão por pessoas que seriam emissários da Igreja e que o arcebispo se surpreendeu com a informação, pois achava muito difícil a denúncia ser factível, uma vez que a Igreja não agredia ninguém, muito pelo contrário.

Lauro também confidenciou para Edgar e Verônica que realizou novo contato com seu amigo da Interpol e ele, de forma não oficial, confirmou a existência deste poder misterioso e, ainda, que havia informação de que o principal contato aqui no país seria exatamente o arcebispo.

Edgar interrompeu Lauro e contou tudo sobre o encontro que haviam tido com o arcebispo, bem como que estiveram muito próximos da morte.

Lauro disse, então, não ter mais dúvida da existência da grande corporação e que seu "braço direito" no país estava localizado no coração da Igreja Católica, na figura do arcebispo.

Assim, ficou combinado entre eles que Lauro aprofundaria ainda mais a investigação e apertaria o cerco ao arcebispo e seus capangas, já que não podia lhes oferecer uma segurança permanente, pois nem seria prudente qualquer tipo de registro sobre o que ocorreu dentro da arquidiocese.

Lauro, então, disponibilizou seu celular, 24 horas por dia, para o que eles precisassem. E assim se despediram, não com o tradicional aperto de mãos, porém com um amigável abraço e um largo sorriso do detetive.

Àquela altura, já havia passado tempo suficiente para encontrar a pessoa mais esperada do dia; aquele que, certamente, marcaria a abertura de seus trabalhos voltados ao domínio final do poder da criação: seu Branco.

Por tudo o que eles já tinham passado, até então, seu Branco era a grande estrela-guia naquela jornada sagrada. Não sabiam de onde ele veio nem para onde ia, porém sua manifestação era pura luz do conhecimento e, agora mais do que nunca, eles haviam aprendido esse valor ao ressignificarem a beleza de suas histórias de vida.

Sentiam-se muito mais leves.

Caminharam de mãos dadas pela praia, irradiando para quem tivesse a sensibilidade de ver suas auras expandidas pela luz dos que amam o verdadeiro amor. Em menos tempo que esperavam, foram interceptados por outra aura luminosa e foi uma felicidade contagiante:

– Dava para ver vocês de longe pelo brilho do amor – disse Branco com um sorriso de alegria por vê-los de mãos dadas.

– Caramba! Procurávamos por você, amigo Branco! Temos muito para lhe contar – disse Edgar.

Os três amigos buscaram, então, o banco de cimento mais próximo para se ligarem em reflexões sobre mais uma bela história sendo contada.

Branco os ouviu. Ficaram horas ali conversando. Ouviu tudo sobre o que eles tinham para contar. Ouviu sobre o livro e seus ensinamentos. Seus olhos brilharam ainda mais. Sua consciência mergulhava por seu inconsciente para buscar mais e mais sabedoria e repassá-la aos seus amigos, inesgotavelmente. Seu cérebro fervilhava. E tudo assim se movimentava: consciência, energia e história.

Era interessante que Branco não se preocupava muito com os aspectos aventureiros de Edgar e Verônica. Era como se tivesse certeza de que tudo aquilo faria parte daquela metáfora e que nada poderia acontecer com os protagonistas daquele filme. Seu Branco sempre se atinha aos ensinamentos do livro e realmente se concentrava em todos os detalhes do que eles contavam. Quase "reliam", juntos, aquelas palavras, tamanha a energia gerada pelo livro no interior daqueles três.

– E então, seu Branco, o que achou desta continuação do livro? O que pode nos dizer? – perguntou Verônica.

– Pelo que me contaram, iniciou com um resumo da estrutura do plano da criação e depois passou para técnicas de manipulação sobre a realidade coletiva, este foi o enredo que ouvi de vocês. Pude sentir tudo que escutei como algo muito familiar e, das técnicas relacionadas, eu já experimentei todas e não imagino minha vida sem essas experiências!

A princípio gostei muito do resumo feito pelo mestre. Estou convencido com a ideia de que a consciência separada da Onisciência tende a retornar por uma força magnética vibratória. A força é significada como sentimentos e emoções que criam uma história que é nossa realidade experimentada. Essa realidade é adequada à expansão de nossa consciência que também a movimenta. O caráter ilusório deriva da permanente expansão da consciência e da necessidade de uma nova história adequada a esta evolução. Vejo de forma clara esses ensinamentos. Creio que nesta parte todos concordamos?

– Sim! – respondeu Verônica. – E quanto aos trabalhos?

– São muito importantes, Verônica – respondeu Branco. – Quanto ao primeiro trabalho, posso dizer que acredito na existência e presença entre nós dos seres multidimensionais, também já ouvi falar desta lei da manifestação que faz com que eles apareçam sempre que chamados. Interessante é que, muitas vezes, eles aparecem quando vivemos situações muito angustiantes em nossas vidas, porém quando eles surgem, sentimos uma alegria especial, como se fosse um estado de graça, e todos os problemas que nos afligiam desaparecem instantaneamente. É como se perdessem o valor diante da manifestação transcendental. Quanto à bebida indígena, já busquei este conhecimento, experimentei e estou certo de que em suas origens houve seres luminosos que auxiliaram as primeiras tribos. Com ela, tive uma experiência única, holística, mergulhado na luz e com uma atividade cerebral maximizada na qual pude fazer reflexões que, normalmente, precisaria de muito mais tempo para alcançar.

– Branco, o senhor sabe como funciona essa bebida em nosso organismo? – perguntou Edgar.

– Tenho uma boa noção. É uma mistura de plantas que combina a ação de inibição de uma enzima, que controla nossos neurotransmissores, com outra ação que lança uma substância molecularmente semelhante a nossa serotonina em direção ao nosso cérebro. Então ocorre uma grande descarga de neurotransmissores no cérebro, o que gera um estado de sincronização cerebral e um aumento expressivo de sua atividade. Chama-se *Ayahuaska*; existem grupos que a experimentam e estão espalhados por todo o planeta.

– E os outros trabalhos? – perguntou Verônica.

– Bem, o terceiro trabalho é uma espécie de auto-hipnose com o objetivo de provocar, simultaneamente, uma experiência com dois estados diferentes de consciência. Achei bem interessante ele tocar neste ponto porque a experiência é muito importante para que nós passemos a entender a existência de outros estados de consciência além do nosso. Eu já tive esta experiência controlada e cheguei a níveis, inclusive, de projeção, tendo experiências ainda mais significativas. Entretanto, pelo que percebi, o Mestre não quer tanto, apenas o que é necessário ser dominado para a confirmação do caráter não absoluto, ou da relatividade, da realidade experimentada. É magnífico você experimentar uma dimensão em que se tem controle sobre tudo que o pensamento puder criar. Dá um sentimento de poder inigualável. Aliás, por falar em auto-hipnose, ou hipnose, entendo este conceito como um estado de concentração induzida em uma espécie de foco, por estreitamento do consciente, em um material inconsciente que precisa ser aflorado. O mais interessante disto é o chamado estado de transe hipnótico.

A verdade é que ninguém sabe exatamente o que é o transe, porém ele está por trás de muito mais coisas que imaginamos. Vários líderes políticos e religiosos foram e são brilhantes hipnotistas e conseguem sugestionar multidões. Vemos este cenário todos os dias. Eu, pessoalmente, creio, inclusive, que vivemos em um constante estado de transe hipnótico, condicionados para acreditar que a realidade é como parece ser. O consciente coletivo é um grande estado de sugestão, sinto isso; talvez por isso estes Unicranianos tenham tanto medo de que o livro crie uma instabilidade no plano de consciência, pelo despertar de parte desta massa semiadormecida.

– Nossa; também sinto isso – afirmou Verônica. – Toda história que vivenciamos nos mostrou exatamente isso. Essa realidade é um estado de transe coletivo, inculcado por um sistema de crenças. Precisamos nos livrar deste peso. Por isso, o Mestre disse que há uma guerra por nossa atenção, pois a consciência tem a capacidade de manifestar o plano ou, como dizem os físicos quânticos, é o momento em que ocorre o colapso, ou quando a partícula se manifesta a partir da onda luminosa. É o observador. Nossa atenção. A guerra pela criação. Perdemos a batalha e somos sugestionados por diversos grupos.

– Concordo com quase tudo o que falou, Verônica – disse seu Branco. – Só observo que não somos tão passivos assim neste processo. Na realidade, entendo que todas as sugestões encontram-se armazenadas no inconsciente coletivo e a nossa consciência acessará suas escolhas dentro do inconsciente, de acordo com sua expansão. É uma programação bem orquestrada e o plano da criação é muito inteligente. Ouçam as palavras do Mestre e sintam esta verdade.

– Sobre o quarto trabalho – continuou Branco, – é a clássica evolução mental, tão almejada por diversas Escolas Iniciáticas espalhadas pelo mundo por intermédio da história da humanidade. Ou seja, utilizar a concentração para a realização de fenômenos por meio do poder da mente. O exemplo que o Mestre citou da movimentação da agulha, eu classifico como telecinese. A movimentação de objetos pelo poder da mente é telecinese pura e necessita de um desenvolvimento prévio da concentração, que basicamente é a habilidade de desligar seus sentidos do mundo exterior e, ao mesmo tempo, direcionar seus pensamentos para histórias carregadas de emoção, para depois focar única e exclusivamente sua atenção na produção de uma anomalia na realidade experimentada. Isto é polarizar emoções. O fato é que a simples movimentação de uma agulha pelo poder da mente representa a comprovação de que a estrutura da realidade depende de nossa concentração e atenção, e que as forças que atuam neste plano são diferentes daquelas que nos fizeram acreditar pela ciência clássica e, paralelamente a isso, o efeito da mente sobre a matéria nos dá uma confiança que ficará impregnada em nosso campo vibratório, expandindo ainda mais a nossa consciência.

Ao pressentirem que aquela reunião se aproximava do final, realizaram que a amizade era a palavra exata para definir o encontro dos dois com seu Branco. A conversa sempre era doce e carregada de sabedoria. O que deveria ser um bate-papo sempre se transformava em um encontro de almas em que a paz interior era o sentimento predominante.

A visão da praia ficava mais poética e as cores locais mais vibrantes. Os únicos sons que conseguiam se intrometer naquele encontro eram o das ondas batendo na praia e o grasnar das gaivotas sobrevoando o mar. Mais uma vez havia sido assim e, para seguirem suas histórias, se despediram até o próximo encontro de almas.

Edgar e Verônica decidiram ficar ali mais um pouco e iriam aproveitar o banco de cimento, a praia e as gaivotas para trocar doces beijos de amor incondicional. Um amor tão profundo como o som de fundo que provinha do mar.

Chamando os Multidimensionais

Entre carinhos e reflexões, decidiram pensar em como fazer para completar o conhecimento que os levaria ao poder da criação. Estava claro no escrito do Mestre que seria necessário fazer aqueles trabalhos para chegar à continuação do livro. Assim, a ideia de procurar o Diacraniano, por ora, iria ficar sobrestada, até que cumprissem com o dever dos trabalhos.

Verônica, sempre muito atenta e já prevendo que estariam na praia para o encontro com seu Branco, pensou proativamente na realização do primeiro trabalho e colocou dentro de sua bolsa uma canga de praia, com capacidade para que duas pessoas se deitassem sobre ela. Junto a Edgar, escolheram o local com menos iluminação na areia e para lá seguiram.

Nada poderia ser mais poético naquele dia: estavam juntos, deitados sobre a areia da praia, de mãos dadas e aguardando a manifestação luminosa de uma consciência multidimensional para se comunicarem. Para que mais? Era só relaxar o corpo e olhar para o céu.

E ainda tinha mais:

– Edgar, eu te amo! Agora estamos aguardando um ET chegar – disse Verônica brincando e apertando sua mão.

Edgar devolveu a declaração de amor e achou graça do bom humor de Verônica, quando devolveu mais essa:

– Bem que a nave poderia levar a gente embora daqui para um mundo melhor.

Sabiam que não havia ET nem nave, assim como sabiam que não havia o tempo e o espaço, mas a poesia das palavras falava mais alto. Estavam conscientes de que aguardavam, nesta dimensão, a manifestação vibratória de uma consciência multidimensional no cumprimento da lei maior que manda entregar aquilo que for pedido de coração. E ali estavam preparados para o contato. Esfregaram o pescoço e apertaram os dedos nas têmporas, se deitaram e olharam para o céu.

Estava tão bom ficar ali que a palavra trabalho era injusta para o que faziam naquele momento. Era a praia, o céu e o amor e, melhor ainda, não havia o tempo e o espaço; por isso nem se deram conta de que meia hora já havia se passado, sem que nada fosse visto naquele lindo céu aberto e estrelado, a não ser planetas e estrelas, a não ser tudo isso.

Estavam hipnotizados pela beleza do "trabalho" até que, por um instante, Verônica percebeu alguma coisa e gritou:

– Ali! Ali, Edgar!

– Ali, onde?

– Na direita, Edgar!

– Que direita?

Era muita aflição junta até que Verônica conseguiu, com a ajuda de seu olhar, e apontando com o dedo e, ainda, consertando, à força, a cabeça de Edgar para o sentido certo para que ele também visse. E o que viram era uma luz na altura das estrelas, porém um pouco mais forte e se deslocando levemente pelo céu. A luz se deslocava e mudava a intensidade de seu brilho. Era como se estivesse emitindo *flashes* de luz em seu caminhar. Era como uma espécie de pulsar luminoso, e a cada espocar, estranhamente, aquilo lhes fazia emocionar. Ficaram ainda mais emocionados quando a luz, após percorrer uma grande área do céu, começou a desacelerar até parar na direção de suas cabeças, porém ainda entre as estrelas, no que parecia ser uma distância cósmica. Ali ficou parada por segundos emitindo um pulsar luminoso e, ao mesmo tempo, diminuindo sua intensidade, até que sumiu. Desapareceu como se tivesse apagado.

Dos corações de Edgar e Verônica certamente aquela luz nunca se apagará e eles, com certeza, sentiram mais do que uma presença manifestada, sentiram também uma comunicação sincronizada com seus sentimentos que podiam ser definidos como um estado de graça. Com certeza foi uma comunicação com uma inteligência multidimensional, pois foi divino.

Com a missão cumprida, mas com horário puxado, decidiram recolher a canga e voltar para o hotel.

Estavam certos de que já haviam tido contato com o multidimensional Diacraniano, porém aquela noite foi especial e, certamente, aquela comunicação luminosa havia realizado o trabalho em seus campos vibratórios, portanto, a primeira fase, ou o primeiro trabalho, havia sido concluído com êxito.

O Fitoterápico Multidimensional

No dia seguinte, acordaram preparados e cheios de energia para enfrentar o segundo desafio, ou o segundo trabalho.

Verônica iniciou sua peregrinação digital e a internet lhe informou sobre um grupo que utilizava a bebida indígena, próximo à saída do município, a cerca de uma hora e meia de carro a partir do hotel onde estavam. Ali se realizavam sessões com *ayahuaska* a cada dois sábados, e, imaginem, aquele lindo dia azulado em que despertaram era sábado e, justamente, o sábado de sessão, pura sincronia da história sendo contada.

O sentimento de sincronicidade voltava a vibrar em seus corpos vendo tantas coincidências e eles poderiam, enfim, buscar o conhecimento com a experiência do vegetal.

Combinaram com o grupo e estavam convidados por telefone, bem como receberam instruções de como se preparar para a sessão com os devidos cuidados, respeitando a legislação vigente no país sobre a utilização da bebida. Na verdade, para eles, nada disso importava muito naquele momento, pois toda aquela agitação seria só mais um dia desta louca aventura que havia virado suas vidas. Então, nada de relaxamento! E o segundo trabalho já estava agendado.

Ainda era manhã e havia bastante sábado até o encontro, que começaria apenas no início da noite. Assim, aproveitaram o dia para tentar conseguir um contato local com o Diacraniano e, quem sabe, antecipar alguma pista sobre a parte final do livro.

Dentro do quarto do hotel realizaram a mentalização de agendamento para encontrá-lo no calçadão da praia, no mesmo banco de cimento que estiveram com seu Branco no dia anterior.

O encontro seria naquela manhã, antes do almoço. A caneta e o papel de Verônica já estavam apostos para anotar as valiosas pistas Diacranianas. Tudo certinho, partiram para mais uma aventura.

No horário mental combinado, já estavam esperando o multidimensional dar as caras, o problema seria com que cara ele se mostraria dessa vez, uma vez que ele gostava de surpreender. Ficaram aguardando e fitando os vários personagens do local, e nada de o Diacraniano chegar.

Olharam um marombeiro suspeito que se exercitava com os aparelhos de ginástica da praia, mas nada que indicasse ser o Diacraniano. E assim continuaram: os vendedores de cocos, de picolés e de biscoitos de polvilho, todos eram suspeitos e também foram fitados, mas o máximo que conseguiram foi acabar comprando um picolé, quando o vendedor entendeu os olhares como um chamado de comprador.

E... nada do Diacraniano.

A mulher que vendia bronzeador também era forte candidata, contudo ela passou direto, nem lhes deu atenção. O sol estava forte e eles já estavam ali há mais de hora. "*Afinal, o que teria acontecido?*", pensaram. O multidimensional não costumava se atrasar; apenas os fez esperar uma vez para que o *nerd* fosse embora, mas se atrasar, nunca. Uma hora e meia esperando e os corpos já estavam suados e bronzeados nas partes em que a roupa não cobria e nada de o "Multi" chegar. Até que desabafaram:

– Vê, acho que ele não virá! – disse Edgar suspirando e abreviando carinhosamente o nome de Verônica.

– Também acho! Se fosse para ele aparecer já teria aparecido – disse Vê. – O que será que aconteceu? Nós fizemos tudo certo, mentalizamos certo, tudo, o local, o horário, tudo. Será que ele realmente se manifesta em qualquer lugar?

– Claro que sim, até entre as estrelas – lembrou Edgar.

Cansados de esperar, decidiram procurar um restaurante para almoçar, afinal, ver tanta gente vendendo comida na praia aumentava o apetite.

Quanto ao contato fracassado, no fundo de suas consciências tinham uma resposta para a ausência do Diacraniano. Sentiam que primeiro tinham de completar os trabalhos para conseguir o novo prêmio, ou seja, as pistas que levariam ao fim do livro, provavelmente, viriam no fim dos trabalhos, ou talvez, dentro deles.

Precisavam respeitar os sentimentos, pois, às vezes, um sentimento que aflora, significando uma informação, vale muito mais do que as análises. Isto é uma intuição, e só é possível intuir ouvindo a voz que vem de dentro do peito.

Após o almoço, já por meados da tarde, passaram novamente no hotel para recolher os acessórios para participar da sessão da *ayahuaska*, que incluíam roupas leves, cobertas e travesseiros, já que os trabalhos iriam até tarde e era possível escolher a opção de ficarem deitados, se assim julgassem ficar mais confortável. Tudo pronto! Partiram para a chácara onde ocorreria a expansão de suas atividades cerebrais.

O local era simpático e convidativo, bucólico, e seguiram por uma estrada de terra bem cuidada que levava até o local. Nas laterais da estrada havia uma vegetação com árvores que pareciam ter sido jardinadas, tamanha a beleza que o lugar inspirava. Havia placas indicativas, o que realmente era necessário, pois vários eram os cruzamentos que poderiam desviar o caminho. A visão era rural, mesmo em um lugar tão próximo à cidade. Havia até porteira e mata-burro. Mas o local era inspirador e a aventura estava só começando.

Ao chegarem, se depararam com um pequeno templo onde, no máximo, caberiam umas 30 pessoas, mas para aquela sessão só havia 12. O grupo era pequeno e formado por pessoas discretas que pareciam meio *hippies*, mas depois de conhecê-los um pouco melhor perceberam tratar-se de psicólogos, médicos, terapeutas e por aí vai, apenas utilizavam roupas que se sentiam bem, no dia em que se encontravam para a sessão. Eram pessoas agradáveis, de bom nível cultural e era, realmente, um lugar confortável para estar. Havia o que eles chamam de *setting*, ou todo um ambiente criado para uma atividade Enteógena, ou de ligação divina, além de um visível sistema acústico para músicas que iriam rolar durante o trabalho.

Após uma breve explicação sobre a sessão, o líder do grupo serviu a bebida para os participantes, informando que seus efeitos Enteógenos iniciariam em cerca de meia hora após a ingestão, bem como que eles poderiam ficar à vontade para ficarem sentados ou deitados, só que mulheres deveriam ficar de um lado do templo e homens do outro. Essa parte eles acharam meio sem graça, mas respeitaram. Com essas informações e com a bebida já ingerida, se mantiveram sentados, porém com colchonetes já posicionados para deitarem, se desejassem. A expectativa estava voltada para as reações do corpo e da mente.

As músicas iniciaram e eram lindas canções escolhidas pelo líder. Ouvi-las era um grande prazer mesmo antes da ação da *ayahuaska*, pois todas falavam de luz, beleza e Deus. Com melodias fantásticas. Edgar ficou pensando por que nunca ouvira no rádio músicas tão bonitas assim. Era estranho. O repertório não cansava de apresentar músicas lindíssimas. Um verdadeiro prêmio para os ouvidos.

De vez em quando, Verônica e Edgar despistavam e se olhavam discretamente, mas o normal era mesmo manter os olhos fechados durante o processo. Aproximadamente 30 minutos depois da ingestão, Edgar começou a ver de olhos fechados e, meio assustado, fechava e abria os olhos para testar, mas assim que fechava voltava a ver. Eram figuras geométricas multicoloridas que mudavam de forma rapidamente. De repente, as gometrias começavam a formar túneis que pareciam puxá-lo, ou melhor, pareciam chamá-lo para viajar por dentro da luz. E a luz tinha muitas cores. Logo não eram mais túneis, mas sereias com caudas de luz que passavam e também o chamavam. Àquela altura, ele já nem queria mais abrir os olhos, pois com os olhos abertos não veria. E tudo parecia mais rápido e mais rápido. Nada parava mais no lugar. As construções luminosas eram rápidas e intermináveis. E todas as cores se manifestavam, e ele conversava com as cores e sentia o seu sabor. E os castelos de diamantes, as catedrais de mármore e ouro, os tronos, as coroas e tudo de lindo que se pudesse criar estavam ali, sendo vistos com seus olhos fechados. E ele viu sua mãe, dona Eliane, por ela chorou e agradeceu. Mas naquele mundo não havia tristeza, só havia gratidão. E viu seu pai, viu todas as pessoas que passaram e foram importantes em sua vida. E agradeceu a todos eles por contribuírem com sua história pessoal. Naquele momento, Edgar se sentia sufocado de amor. O amor. Profundo. Puro. Numa extensão que jamais pensou que pudesse sentir. E os momentos de ver pessoas se foram, junto com o choro, e olha que ele chorou muito, o choro do agradecimento e do amor. Agora não havia mais espaço para o choro, e ele viu Verônica. E, quando a viu, viajou com ela. A Verônica da sua visão de olhos fechados era muito mais real do que a que poderia ver se de olhos abertos estivesse. E o prazer não acabava. E o tempo não existia mais. E tudo já havia viajado, pois nada parava no lugar. Tentou as palavras e acabou no mundo onde as palavras nascem. Desistiu delas. Preferiu o sentir, pois este explicava tudo bem melhor. E tudo só aumentava. E ele se sentiu rei. Sentiu-se índio. Sentiu a floresta toda dentro de si. Eram muitos os arquétipos. E tudo já foi de novo. Não parava. Graças a Deus. Conseguiu agradecer à consagração, e foi só porque a luz permitiu que ele assim o fizesse em uma fração de segundo, pois logo ela o carregou de novo, impiedosamente, por dentro do amor. Tudo era tão rápido que às vezes parecia ser apenas uma coisa só. E era. Era o holismo compreendido. E tome luz. Mas não valia a luz branca, pois ela se dividiu em todas as outras. E o violeta se apresentou, o roxo, o lilás, o azul, o marrom, uma a uma, todas as cores se apresentaram e ele as reverenciou. Quando conseguiu perguntar, questionou-se por que nunca esteve ali. Ali no mundo da luz. O mundo de verdade, por que nunca esteve? No mundo em que as respostas vinham antes das perguntas. E a resposta chegou à sua mente acima da velocidade do pensamento e ele soube que as âncoras nós mesmos criamos para existir. Foi por isso que ele nunca esteve ali. Mas agora estava. E ele merecia. Merecia a consagração do amor e da beleza, dentro da luz. E agradeceu e agradeceu. Já conseguia parar e agradecer. Foi uma consagração.

O efeito Enteógeno começava a passar e Edgar sentia-se extremamente acelerado, conversando consigo mesmo em um nível de sabedoria que normalmente não atingia. Ele ficou sentado o tempo todo. Ao sair da viagem luminosa, porém, ainda sob o forte efeito do domínio neurotransmissor, teve a oportunidade de olhar para o seu amor. O olhar de olhos abertos. Viu Verônica deitada no colchonete com o corpo encolhido e parecendo estar muito sensibilizada. Mas àquela altura todos os que estavam ali e tinham utilizado aquela bebida aprendiam a respeitar uns aos outros e, portanto, Edgar tinha certeza de que Verônica estava bem e não deveria ser incomodada. As viagens eram interiores e significativas e aquele era o momento dela.

Edgar era um misto de superinteligência e agradecimento, ao mesmo tempo. Ele havia experimentado as criações de uma forma tão luminosa e tão rápida, que a sensação era o gosto da Onisciência. O que ficou foi a imagem do Único experimentado, lançando manifestações luminosas em grande velocidade. O mais interessante é que o conteúdo do livro não precisava ser debatido em suas reflexões interiores ultravelozes, ele, simplesmente, sentia o conhecimento. Era muita significação de uma só vez. Palavras pareciam a forma de comunicação mais precária da manifestação, pois em um único sentir tudo havia sido confirmado. E a velocidade continuava presente, mesmo quando o líder do grupo comunicava o fim da sessão. Para Edgar, a palavra fim não deveria ser usada, pois aquela sessão nunca acabaria.

Quando todos foram convocados a levantar para o agradecimento pelo trabalho, não foi nem o tempo de virar e Edgar recebeu um imenso abraço de Verônica. Nem sabiam por que estavam tão felizes e tão agradecidos. Mas estavam, e ainda estava tudo muito rápido. Eram só risos, agradecimentos, êxtase espiritual e vontade de abrir os braços e deixar a luz entrar, chamar o próximo para bailar. Era o amor sublime, o amor das consciências, e todos ali se amavam coletivamente por se amarem individualmente. E Verônica falava com o olhar, sorria com o olhar e agradecia com o olhar. Ela nem precisava dizer que havia experimentado a mesma consagração de Edgar. As horas passaram e eles perderam a noção do tempo. Quatro horas passaram. Não acreditavam! E queriam mais, para sempre. A experiência trazida pelos multidimensionais para as tribos originais havia para sempre marcado suas vidas. Agradeceram e agradeceram.

Esperaram horas até conseguirem sair daquele lugar. A vontade daqueles malucos era ficar ali conversando à alta velocidade do pensamento durante toda a noite. A criatividade das conversas era algo impagável de ser visto e ouvido. Era possível resolver os problemas do mundo. Aqueles 12 que começaram a sessão não precisaram de mais do que aqueles momentos para sentirem-se como irmãos, tamanha a afinidade do amor sublime presente na experiência. Conversaram. Abraçaram-se. A hora passou. E as âncoras de suas vidas já começavam a lhes chamar de volta e eles sabiam que precisavam voltar. Seu crescimento dependia disso. Menos para Edgar e Verônica, que já estavam em missão de levantar definitivamente suas âncoras deste mundo de ilusão.

Tomaram o carro, se despediram e saíram acompanhados de seu eu superior que não parava de refletir, sentir e agradecer a todas as imagens que viu de olhos fechados: todos os arquétipos que o seu superconsciente manifestou para significar a experiência com o divino, o sentir do Onisciente.

Ao chegarem ao seu quarto de hotel, não conseguiram dormir, um tanto pela ação do psicoativo que ingeriram e em muito pela experiência por que passaram e pelo que sentiram. Conversaram até o amanhecer, refletiram e entenderam que o segundo trabalho havia sido mais que cumprido.

Acordaram tarde depois de irem dormir tarde. Dormiram pouco e estavam exaustos. O café da manhã já tinha sido servido há muito tempo e já era hora do almoço. Não sentiam fome, tinham uma horinha e ainda estavam um pouco acelerados, uma conjugação ótima para pensarem no cumprimento dos próximos trabalhos.

O Poder Mental

O próximo trabalho parecia bem mais fácil de ser executado e, realmente, sua execução não parecia nada complicada. Difícil mesmo seria atingir seu resultado. Edgar perguntou onde poderiam arrumar agulhas, e a acelerada Verônica encontrou uma solução dentro do próprio hotel, pois bastou uma conversa com a camareira e logo conseguiram duas. Portanto, o quarto trabalho estava pronto para começar.

Faltava agora se preparar para o terceiro trabalho, que não parecia difícil e só exigiria memorização para ser colocado em prática. Decidiram, então, tirar um dia inteiro dentro do hotel para a preparação e o treinamento dos trabalhos três e quatro, inclusive pediram comida por telefone. Tudo com a intenção de ficarem concentrados e reclusos no quarto.

Com tempo disponível, iniciaram um revezamento entre agulha e memorização.

Iniciaram pela agulha, porém o resultado estava difícil, então descansaram desse trabalho e começaram a memorizar o texto para evocar o estado alterado de consciência, o que em cerca de uma hora já tinham conseguido, afinal a vontade de transcender estava em alta. Agora bastaria esperar o despertar das manhãs e, ainda com um pouco de sono, repeti-las.

Conseguiram uma garrafa de café no hotel e ganharam um novo ânimo para começar a tarefa complicada de mexer uma agulha com o poder da mente. Iniciaram então com a polarização de emoções, buscando dentro de si e no passado sentimentos e sensações expressivos. A parte do sexo foi fácil, pois ainda estava fresca em suas memórias recentes. Assim prosseguiram, com cada um em seu canto e com sua agulha para tentar sua telecinese. Foram horas tentando.

Realmente, parecia o resultado mais difícil de obter, e olha que a concentração naquelas agulhas foi enorme. Às vezes tinham a impressão de que elas se moviam um pouquinho, mas não tinham certeza. Verônica é muito concentrada e geralmente consegue atingir rápido seu objetivo, mas estava difícil, muito difícil. Ela olhava para a agulhinha até o mundo exterior parar, já havia tentado isso antes, expurgava os pensamentos de qualquer natureza e se fixava só na agulha. Primeiro comandou o movimento, em seguida polarizou as emoções e depois só olhava com toda sua atenção, e nada.

De repente, um susto! O telefone tocou alto bem no auge da concentração de Verônica e ela virou para olhar para o aparelho e, antes que seus olhos saíssem do campo de visão da agulha, ela pôde ver de relance que um forte movimento a havia mexido de lugar. Foi bem concreto.

– Consegui! Consegui, Edgar! – gritou Verônica.

Edgar, dando pouca importância ao seu grito, foi atender ao telefone. Era apenas a camareira perguntando se poderia passar para limpar o quarto, o que foi dispensado por Edgar naquele dia. Ao terminar a rápida conversa, ele olhou para Verônica e perguntou:

– O que foi, mexeu?

– Sim! E muito! Foi exatamente quando ouvi o barulho e olhei para o telefone!

Parece que o susto de Verônica gerou um impulso vibratório extra e mais forte do que eles conseguiram com a polarização das emoções. Além do que o desvio de sua atenção parecia ter liberado o acúmulo de concentração que ela havia feito durante mais de uma hora. Não tinham certeza, mas parecia que esta combinação ajudou a produzir o difícil fenômeno.

Não importava, o fato é que Verônica chegara ao resultado, mas faltava Edgar. E agora que sua amada havia conseguido, a pressão aumentara.

Já era início da noite e Edgar respirava fundo e, mesmo cansado, mantinha a atenção, aliás, só deslocava a atenção para polarizar mais emoções, porém parecia que a carga ainda não era suficiente. Ali ele adentrou a noite, pois tinha de conseguir, afinal não seria Edgar que atrapalharia o poder da criação, ele não aceitava o fracasso e insistia. Até que ouviu um barulho assustador atrás de sua cabeça, foi ensurdecedor a ponto de fechar os olhos. Foi Verônica que loucamente bateu duas bandejas de metal da decoração do hotel com toda força, bem atrás da cabeça de Edgar e gritou:

– Mexeu, Edgar! Mexeu, eu vi!

Edgar estava assustado e com vontade de dar uma bandejada no traseiro de sua amada, porém com o resultado da agulha esqueceu tudo e comemorou; confirmou com Verônica:

– Tem certeza! Você viu! Pela posição parece que mexeu mesmo!

– Com certeza eu vi, Edgar. Eu estava olhando!

Bom, não se sabe realmente se Edgar mexeu aquela agulha pelo mesmo processo de Verônica ou se foi a corrente de ar das bandejas que o fez, mas naquela altura dos acontecimentos e do cansaço, para todos os efeitos, ele também tinha conseguido.

Estados Alterados de Consciência: os Sonhos Lúcidos

Com a telecinese bem encaminhada, precisavam agora conseguir dominar seus sonhos e isto exigia um dia de cada vez, pois só há uma manhã por dia.

Na manhã do dia seguinte, Verônica e Edgar acordaram e se lembraram do exercício e o praticaram. O resultado foi que Verônica conseguiu, entre o limiar do estado de vigília e o sono, uma lucidez. Ela experimentou dois estados de consciência ao mesmo tempo, logo após rever mentalmente as palavras do livro, ela estava no sonho e tomou conhecimento de que também estava em sua cama deitada. Nessa sua percepção, dentro do sonho, ela sentiu que poderia fazer o que quisesse, pois não havia limites para seu comando. Era como se ela fosse o personagem do desenho e ao mesmo tempo o desenhista, consciente e deitada na cama em outro plano de consciência. E ela comandou voar e voou. E o que mais pensou fazer o fez, pois tudo estava sob seu comando. Durou pouco, mas Verônica chegou lá.

Edgar também repetiu as palavras, porém, antes que chegasse ao fim, dormiu e, se sonhou, não se lembrou. Edgar não chegou lá. Quando acordou, disse:

– Puxa, Vê, eu não consegui. Se tivesse conseguido já poderíamos reclamar pelo livro, mas eu falhei.

– Calma, amor, amanhã será outro dia – disse Verônica carinhosamente. – Será que se tentarmos um novo contato com o Diacraniano, desta vez não conseguiremos sucesso? Já avançamos muito nos trabalhos, 95%. Penso que só falta mesmo você sonhar lúcido. Isto é praticamente 100%! Vamos tentar novamente o Diacraniano.

Edgar até se consolou com o otimismo de Verônica e, na verdade, não teriam mesmo nada para fazer até a manhã do dia seguinte, quando então ele poderia tentar novamente a lucidez. Assim, nada teriam a perder em buscar o multidimensional, pois o restante do dia estava livre.

Desta vez, preferiram mentalizar o encontro no apartamento de Edgar, pois ele precisava dar uma passada por lá para pegar alguns objetos pessoais, bem como pelo fato de que ali ficariam com mais privacidade, ao contrário do que ocorreu na praia, onde ficaram confusos com a movimentação intensa no local. Partiram para lá ainda pela manhã, pois estavam ansiosos por um novo contato com o Diacraniano.

Chegaram ao apartamento e começaram a esperar que a campainha tocasse, ou, quem sabe, uma espetacular materialização no centro da sala. Só que nem um nem outro ocorreram e, mais uma vez, pareciam realmente ter tomado um bolo do Multidimensional, pois o tempo passava e nada. Mais de uma hora esperaram, nem sinal. Já não restava dúvida de que ele não apareceria e que Edgar teria mesmo de sonhar com lucidez para manterem a esperança de achar a parte final do livro.

Pelo avançado da hora, decidiram almoçar naquele seu velho restaurante onde visitavam quando ainda eram outras pessoas. Almoçaram sem sentir saudades dos antigos Edgar e Verônica, pois os novos eram muito mais consagrados. Decidiram sair e tirar o restante daquele dia para se distraírem, talvez ir ao cinema, namorar, enfim, estavam de férias! Contudo, ao saírem do restaurante, descobriram que aquilo não tinha nada de férias.

Ao começarem a andar pela calçada, um carro foi lançado na direção deles em alta velocidade. Edgar, em um movimento rápido e instintivo pulou e, ao mesmo tempo, puxou Verônica para o lado, evitando serem atropelados e esmagados pelo veículo. Era o carro preto da arquidiocese tentando matá-los, não havia dúvidas. Após a tentativa, o veículo ficou desgovernado colidindo com um hidrante alguns metros à frente.

O furioso motorista era aquele emissário da Igreja, vestido de preto e com os olhos revelando uma finalidade mortal. Foi saindo do carro e enfiando a mão para dentro do paletó, parecendo que iria sacar uma arma.

Percebendo rápido todo o cenário, Edgar puxou Verônica para correrem e se afastarem o mais rápido possível. Correram muito, porém, ao olharem para trás, continuavam a ser seguidos, dando a impressão de que seriam alcançados. A rua estava muito movimentada e as pessoas se assustavam com aquela perseguição. Eles desviavam ou empurravam quem estivesse à frente para abrir caminho. Afinal, era uma fuga pela vida.

Enquanto fugiam freneticamente do perseguidor, Edgar pensou rápido e correu em direção à porta giratória de uma agência bancária que se encontrava no caminho da fuga. Entraram de uma vez pela porta e, por estarem portando algum tipo de metal, o alarme da porta disparou, fazendo com que os seguranças do banco logo cercassem o casal para averiguação. Ao ver o quadro do lado de fora do banco, em frente à porta giratória, o homem, vestido de preto, percebeu que nada poderia fazer, escondeu a arma e se camuflou junto aos transeuntes. Edgar e Verônica, mesmo cercados pelos seguranças do banco, viram a desistência do malfeitor e Edgar sentiu ter tomado a decisão certa. Explicaram aos seguranças que agiram daquele jeito porque estavam sendo perseguidos por um assaltante e não tiveram outra alternativa senão se esconderem na agência bancária. Os seguranças ainda saíram da agência para conferir, mas àquela altura, o emissário já estava longe. O fato é que desta vez eles haviam se livrado. *Porém, até quando?*, analisaram. Pensaram, então, em procurar o detetive Lauro e pedir ajuda.

Devagar e receosos, ao perceberem que não estavam sendo seguidos, retornaram ao restaurante para pegar o carro e tocaram para a delegacia. Ao chegarem, foram recebidos por um policial que já os conhecia, pois sempre estava ali ao lado da mesa onde Lauro se sentava. Perguntaram, então, se Lauro estava na delegacia, pois precisavam falar com ele. O policial disse que se lembrava deles e que Lauro já havia contado sobre umas investigações que vinha realizando. Disse a eles que também tinha uma notícia para dar-lhes um tanto desagradável. Lauro havia morrido no dia anterior à tarde em um acidente de automóvel. Seu carro havia caído em um abismo em uma estrada perto da saída da cidade e ele estava acompanhado por uma mulher que também morreu.

– Mônica! – exclamou Edgar.

– Sim, o senhor a conhecia? Lauro já havia me falado sobre ela e ele a estava protegendo – disse o policial.

Edgar e Verônica ficaram pálidos e procuraram um lugar para se sentar. A pancada foi forte. O policial ficou preocupado com eles e ofereceu uma jarra com água para tomarem. Ao mesmo tempo, repetiu a pergunta para confirmar se eles a conheciam. Em meio ao choque, conseguiram explicar-lhe que conheciam Mônica e que, realmente, Lauro estava lhe prestando segurança, porém não sabiam nada mais do que isso.

Foram informados pelo policial de que uma investigação foi aberta, mas ao que tudo indicava teria sido um acidente.

Eles sabiam que não se tratava de nehum acidente e, sim, que os Unicranianos fizeram parecer que fosse.

Lauro havia ido longe demais naquela investigação, e Mônica, por mais que tentasse, não conseguiu escapar de seu destino. Nada mais poderiam esperar da polícia. Talvez ninguém mais pudesse ajudá-los e, provavelmente, este mesmo destino seria inevitável para ambos. Estavam tontos, preocupados, assustados e chocados por Lauro e Mônica. Disseram ao policial que estavam de saída e lamentavam a morte de seu colega de trabalho. Foram embora, pois nada mais havia ali para Edgar e Verônica.

Estavam abatidos, pois o que poderia ser um dia de pistas para encontrar o conhecimento definitivo se transformou em uma triste realidade, na qual um grupo dominante exerceu seu domínio sem limites. As imagens do interessado Lauro e da linda Mônica não saíam de suas cabeças. Era injusto.

Ao chegarem perto da praia, de volta ao hotel, pararam por um instante para pensar e homenagear aqueles que lutaram contra o sistema. Ali, parados em frente à natureza, estranhamente, começaram a se recuperar rapidamente do choque. O fato é que eles tinham aprendido algumas coisas que prevaleciam sobre uma análise superficial. Lembraram-se das palavras de seu Branco sobre a vida e a morte, como apenas uma história sendo contada. A morte era somente o fim de uma história construída para acabar desta maneira, mortal. Uma metáfora sem possibilidade de encontrar uma solução criativa. Uma metáfora esgotada.

As escolhas foram feitas por Mônica e Lauro. Suas mortes não significavam o fim de suas evoluções, apenas o fim de uma de suas ilusões. As consciências de Mônica e Lauro continuam o movimento em direção à Onisciência e eles significarão esse movimento em outra história que reiniciará em seguida dentro da linha do tempo, provavelmente, sem tanto terror e sem tanta violência.

Edgar presenciou em pouco tempo histórias sendo desconstruídas. Tanto seus pais, Dona Eliane e seu Carlos, quanto Mônica e Lauro, que aliás eram casais muito parecidos, tinham chegado a um ponto em que a realidade experimentada já não podia oferecer nenhum impulso para o movimento de retorno. O fato é que, ao pararem naquela praia e olharem o pôr do sol, refletiram sobre este conhecimento. Lauro e Mônica não morreram, porque não há morte, é tudo ilusão. Edgar e Verônica pensaram juntos, pois realmente haviam se tornado consciências diferenciadas. Não tinham mais medo, pois a responsabilidade pelo fim de suas histórias pertencia a eles e a mais ninguém.

Voltando para suas metáforas, Edgar e Verônica refletiram sobre toda a situação e concluíram que foram seguidos após terem saído do apartamento de Edgar, que deveria estar sendo vigiado. Portanto, indicava a lógica que os Unicranianos não sabiam do hotel onde estavam e, assim, lá estariam seguros. Tudo isso apenas para respeitar a história, pois no fundo sabiam que tudo era apenas um novo capítulo.

Ao chegarem ao quarto do hotel conseguiram tirar o atraso daquele cinema que haviam programado, ligando a televisão e assistindo a um filme que era uma linda história. Ficaram por ali, juntinhos e abraçados, assistindo a histórias bem contadas, até dormirem mansamente.

Na manhã do dia seguinte, Verônica despertou relaxada por ter atingido seu sonho lúcido e ficou na cama pensando e refletindo sobre as ilusões. Já Edgar, cônscio de sua responsabilidade, logo que despertou, começou a repetir as palavras memorizadas, disciplinadamente, para chegar lá, porém novamente o sono era ameaçador. Até que, em determinado momento, ele viu um homem sentado na frente de sua cama e não entendeu o que ele fazia ali, nem de onde saiu. Pensou no que aquele homem estava fazendo em seu quarto. Olhou bem para o homem, para o quarto e disse:

– Eu estou sonhando e sei que estou sonhando! Você não é real!

– É... Realmente está – disse o homem.

– Que ótimo! Eu tenho total domínio do sonho e posso até voar – disse Edgar, flutuando um pouco o seu corpo sobre a cama localizada no outro plano de consciência.

– Que ótimo! Parabéns! – disse o homem.

– Espere aí, você é o Diacraniano! – afirmou Edgar.

– É você quem manda Edgar – confirmou o Multidimensional.

– Nossa, você está em meu sonho, é isso?

– Desde o início! Dentro de seu sonho e de sua ilusão.

– Diga-me, como podemos obter a parte final do livro?

– Certo, estamos aqui para isso. Primeiro dou os parabéns por vocês terem concluído os quatro trabalhos e por terem aprendido a lição de relativizar o que se passa em suas atuais realidades experimentadas. Vocês deram um salto vibratório. A vitória pela superação desta etapa demonstra que vocês estão prontos para ter o conhecimento final do livro e, desta vez, as pistas já foram decifradas com o sucesso do trabalho. A caixa da sabedoria lhes será entregue em um ritual de agradecimento por tudo o que fizeram e atingiram, pois vocês merecem uma homenagem e nós estamos muito orgulhosos. Para obterem a parte final do livro, vocês deverão procurar o seu escritor, aquele que vocês chamam de seu Branco.

– Como assim? Você está me dizendo que seu Branco é o Mestre das Ilusões? – perguntou Edgar, ainda dentro de seu sonho lúcido.

– Não, Edgar, não disse isso. Disse apenas que foi ele quem o escreveu e o fez em sintonia com o Mestre. Mas não me pergunte quem é seu Branco, porque não sei nem tenho permissão para saber, pois minha atuação é apenas em planos mais densos. Procure-o e ele lhe entregará o livro. Saiba que há outros livros, em outros idiomas e em outras épocas, assim como existem outras histórias de sublime ascensão acontecendo. Branco escreveu o livro do tamanho adequado à consciência de vocês e a outras deste mesmo nível, do jeito que precisavam conhecer. Agora desperte!

PARTE IX

"Não presenteie este saber, a não ser aos escolhidos de seu coração."

Mestre das Ilusões

9.

A Consagração da Transcendência

A Verdade não Existe

Edgar abriu os olhos, piscou e viu outra pessoa à sua frente. Era Verônica, olhando-o cara a cara, a uns dois palmos de distância, doida de curiosidade para saber o que ele havia sonhado e se foi lúcido ou não. Edgar sorriu, esticou o braço, puxou-a e a beijou. E o beijo tinha o sabor da aproximação com o Onisciente.

Explicou à Verônica tudo o que se passou e ela se emocionou.

Era a emoção de quem presenciou novamente a sincronicidade da infinita beleza Onisciente e, mais do que nunca, sabia que os caminhos estavam corretos.

A sincronia dos acontecimentos era a garantia e a confirmação do caminho.

Aquela era uma bela manhã de um dia que prometia ser muito especial. Bastava esperar a noite para encontrar o simpático e, agora, enigmático seu Branco; isso até o telefone do quarto tocar:

– Bom dia! Aqui é da portaria. Tem um senhor aqui que gostaria de falar com os senhores. Pediu para anunciá-lo como seu Branco.

Os olhos dilataram e a noite virou dia. Virou agora. Era só Edgar tirar o pijama, pois Verônica já estava pronta. Era mais que uma honra receber *O escritor* em seu quarto. "*Ele veio até nós*", pensaram. Eles nem sabiam ao certo de quem se tratava. Só imaginavam ser muito especial, pois nem o Diacraniano o alcançava. Seus corações já sabiam disso há muito tempo e agora sua consciência iria aprender.

– Pode mandar subir.

Deixaram a porta aberta para a chegada de seu Branco. Sempre tinham deixado as portas abertas para ele e ele apareceu, ou se manifestou ali, como por encanto de tão leve que foi sua chegada. Eles não sabiam quem havia chegado, mas não conseguiam vê-lo senão como um amigo; o sentimento dizia isso, e o sentimento é mais sábio do que as análises. E sua elegância também havia chegado com sua energia luminosa, sabedoria e cordialidade que se transformaram em:

– Bom dia, meus amigos! Estão vendo, os encontrei aqui.

Os dois não conseguiram responder ao cumprimento, apenas não seguraram a emoção de ir até Branco e dar um abraço a três. E o abraço foi longo, do tamanho do não tempo, e aquela expressão de sentimento, certamente, significaria em uma bela metáfora.

Branco, Edgar e Verônica não eram só amigos, eram também irmãos. E ali uma irmandade estava abraçada. Era incrível abraçá-lo, pois significava que ele realmente existe "em carne e osso", ou melhor, em uma programação luminosa. Mas será que ele realmente existe? Sim, na minha história existe. E não era o abraço que havia sido longo, mas os sentimentos e os significados que tinham se acelerado. E o muito esteve dentro daquele momento.

Convidaram seu Branco a entrar e se sentaram à mesa do quarto.

– Irmão, sabemos que você é o escritor do livro, porém, quem é você? – perguntou sugestivamente Edgar.

– Aqui eu sou o escritor do livro, Edgar. Para vocês, posso me apresentar como um Ilusionista Evolutivo e tenho uma missão muito especial, pois transcrevo as informações direto do Mestre. Sou um felizardo.

– Seu Branco, de onde o senhor veio e onde vive? – perguntou Verônica.

– Eu vim de onde criamos uma referência a que chamamos de lar e vivo manifestado nas histórias derradeiras como a que vocês estão contando. Chamam-me de Branco por ser portador da luz do conhecimento e oposto à escuridão da ignorância.

– Os Ilusionistas Evolutivos são a própria Onisciência? – nova pergunta de Verônica.

– Tudo o que existe é da própria Onisciência. Nós, Ilusionistas, Evolutivos e Involutivos, se pedirmos, podemos voltar a qualquer momento para o Único, pois já não precisamos significar histórias, mas queremos estar aqui, manifestados junto a vocês e atuando como operadores do Mestre.

– Onde começa a verdade, ou tudo é uma ilusão? – perguntou Edgar.

– A verdade não existe. Tudo o que existe foi manifestado e tende a retornar à unidade, portanto, é ilusório por ser passageiro. Então, se existe, se é criado, é ilusão, e se não existe é Único e é verdade. A verdade não existe ou só existe a verdade, são jogos de palavras.

– A minha realidade experimentada e a de Verônica, ou nosso plano de consciência, é apenas uma história, uma ilusão?

– São duas ilusões com estruturas semelhantes ou mesmo nível de consciência, mas são diferentes porque possuem a perspectiva de cada um. Dentro de sua história, Edgar, você expandiu sua consciência, ressignificou a beleza e pôde perceber e superar o efeito repetitivo de estados vibratórios, como nos personagens Eliane, Carlos, Mônica e Lauro, entre outras perspectivas que você precisou superar para se movimentar.

Os estados vibratórios precisam mudar o tom para que as repetições sejam superadas. A frequência vibratória modificada irá criar uma nova interferência no fluxo consciente e originar novas formas e novas histórias.

Vocês alcançaram um ponto de pouca interferência, de desbloqueios, e levantaram as âncoras mantenedoras de todo um plano de consciência que será transcendido.

– Edgar é uma ilusão para mim e eu sou uma ilusão para ele, é isso?

– Nunca, Verônica. Vocês são consciências viajando à mesma distância e à mesma velocidade, em direção ao Onisciente. Vocês constroem histórias em que obrigatoriamente precisam se encontrar. O caráter ilusório da existência é geral, mas o encontro de vocês é o impulso maior para o retorno; por isso seu amor é o incondicional. Vocês evoluíram em consciência e ressignificaram a beleza dentro de si, e isso foi um encontro. Além disso, vocês são idênticos, mas com polaridades opostas e, ao se juntarem, isso foi outro encontro. E o somatório desses encontros produz a vibração principal para o salto dimensional.

– Por que a consciência expandida significa a beleza como o conhecimento luminoso poético? – perguntou Edgar.

– Você já sabe esta resposta. No amor incondicional não cabe a superficialidade. As consciências menos evoluídas só conseguem ver e buscar uma beleza superficial, que é extremamente efêmera, passageira e, logo que passa, deixa um vazio ocupado por sentimentos densos que construirão histórias ruins. Mas, os impulsos em direção ao Único são de ouro. Conhecer a beleza é sentir sua luminosidade e poesia; é repassar este significado para sua realidade experimentada, contando uma linda história. E as histórias mais belas contarão o reencontro com a Onisciência, que por sua vez é a infinita beleza do conhecimento, Onipotente e Onipresente.

– E onde entram o próximo e a consciência coletiva? – perguntou Verônica.

– Entendo sua dúvida, minha psicóloga de luz. Você quer saber como as histórias se cruzam. É uma explicação que exigirá a sua atenção. As consciências de forma coletiva estão retornando ao Único, cada uma em uma posição diferente de acordo com o nível de expansão em que se encontram. Uma faixa demarca uma posição que acolhe todas as consciências de nível aproximado: umas mais superficiais e outras mais profundas. Essa faixa, dimensão, ou plano de consciência, produz um significado coletivo, uma história coletiva, porém também produz significados e histórias individuais dentro da própria faixa. Toda a faixa de consciência coletiva está viajando em direção ao Único, bem como as consciências individuais, que além de estarem viajando para o Único coletivamente, também estão se movimentando individualmente no interior da própria faixa. Essa movimentação dentro da faixa segue a movimentação natural magnética vibratória da evolução, porém também é impulsionada por um aprendizado das consciências menos evoluídas com as mais evoluídas, no convívio intradimensional. Assim, essa é a melhor forma de se fazer pelo próximo e expandir a própria consciência, pois vocês são espelhos uns para os outros. Quando você evolui e o outro aprende com você e também evolui, toda a faixa de consciência se movimenta mais rápido, bem como vocês significam histórias coletivas mais poéticas, sem guerras ou terror. Portanto, a melhor maneira de fazer o próximo evoluir é fazer primeiro sua própria evolução. Pessoas que atingiram uma forte expansão de consciência neste plano significam histórias pessoais em que podem oferecer algo para a evolução do próximo, a exemplo dos psicólogos. O psicólogo se esforça para preencher, em uma consciência menos evoluída, o vazio deixado pela beleza superficial, que é muito perene. Este profissional utiliza um direcionamento para que essa consciência superficial encontre, dentro de seu inconsciente, o material necessário para construir uma nova história, mais luminosa e motivadora. Compreendeu?

– Sim – respondeu Verônica emocionada.

– O senhor pode nos ensinar como transcender? – perguntou Edgar.

– Vocês precisarão ler o fim do livro para absorver esta vibração. A energia do livro veio direto da fonte por meu intermédio, mas não sou eu. A vibração que receberão os ensinará a desconstruir, ou ressignificar, toda esta dimensão, bem como os ensinará a construir seu novo plano de consciência. Vou entregar-lhes o livro no dia de hoje, mas quero preparar uma festa para vocês. Vamos deixar combinado um encontro hoje, ao fim da tarde, na marina, de onde os levarei de barco até o local da festa.

Agora vou e mais tarde conversaremos novamente.

A Compreensão da Metáfora

A despedida dos irmãos de luz foi feliz, pois sabiam que daqui a pouco tinha mais. E ainda com festa! Agora era hora de se preparar para a comemoração, uma vez que não sabiam o que viria depois. Verônica sugeriu tirarem as horas até o encontro para saírem, se divertirem e comprarem roupas de festa. Só que, desta vez, nada de praia, e sim um shopping!

Dessa forma, foram ao shopping! Foram tomar um café em um café-bar. Olharam as luzes, cores e pessoas de uma faixa de consciência que tinha suas belezas e deixaria um pouquinho de saudade. Será que teria shopping e praia no novo plano de consciência que iriam experimentar?

O shopping era muito bonito, suas cores, as pessoas, seus cheiros e sabores convidativos. Tão convidativos como os belos produtos espalhados pelas cristalinas vitrines iluminadas. Era uma beleza superficial, tudo bem, mas também era uma despedida final, e eles sentiam-se como crianças ou como aquele que vai deixar o regime para a segunda-feira. Mas não hoje! Hoje é dia de shopping.

Comeram das melhores comidas e beberam das melhores bebidas. Os cartões de crédito deixaram de ter limites, pois todos os limites, bloqueios e âncoras acabaram naquele dia. As roupas compradas também foram as mais bonitas, pois era o momento de consagrar a beleza superficial que se despedia. Afinal, seria só naquele dia!

Em seus sistemas de valores as superficialidades nunca predominaram, mas, ainda assim, mereciam um adeus. E ali era um shopping.

O dia e a tarde passaram e era hora de ir para a marina pegar o barco do destino. Quando chegaram, se depararam com o deslumbrante anoitecer daquela linda noite estrelada, combinada com a beleza de um mar calmo e das lanchas aportadas na marina. Em uma bela embarcação grande e moderna, lá estava o irmão Branco, ainda todo de branco, só que agora com um quepe de capitão na cabeça e um tênis náutico nos pés.

– Venham! Entrem! Hoje eu sou o capitão de vocês – disse Branco, como se já não fosse o capitão deles há muito tempo.

– Vamos para uma ilha, aqui perto da enseada, onde preparamos uma festa para vocês.

Ao navegarem por cerca de meia hora, claramente para fora da enseada e já em alto-mar, viram de forma surpreendente uma linda ilha surgir.

Estranharam um pouco, pois estavam olhando o mar durante todo o percurso e não viram a ilha se aproximar, porém, de repente, ela já estava ali a algumas centenas de metros. *Estranho?!*, pensaram.

O barco foi se aproximando aos poucos até atracar em um deque de madeira próximo à praia.

Dali já se via a grande beleza do local que lembrava *resorts* de paraísos tropicais. Tudo estava muito bem cuidado, bem acabado e havia uma construção, semelhante a uma grande pousada, em um ponto mais elevado da ilha. Toda a forte iluminação do local era feita por tochas fincadas por estacas na areia, o que deixava o ambiente claro, bonito e com um ar místico. Parecia realmente estar tudo preparado para a celebração de uma grande festa. E logo apareceriam os convidados.

Desceram da pousada várias pessoas: algumas pareciam índios, outras vestidas com trajes típicos hindus, e mais... Desceram pessoas com aspecto *heavy metal*, todas tatuadas e com longas cabeleiras, tinham pessoas vestidas de branco, *hippies* e mais... Desceu uma mulata com um corpão, e Edgar e Verônica sorriram pela presença do Diacraniano.

Havia, ainda que distante, lá em uma janela da pousada, uma silhueta que era idêntica à do arcebispo, porém, deixa para lá, pois a história estava contando uma festa. Aliás, parecia haver outra festa na pousada e Edgar tinha quase certeza de estar vendo, através das janelas, as figuras de dona Eliane, Mônica e Lauro, mas não tinha vontade de ir lá. O "lá" deveria por lá continuar. Sentia-se assim... *Deixa para lá*.

Seu Branco pediu e os convidados seguraram as tochas em suas mãos e fizeram um círculo. Também fizeram um corredor. Seu Branco ficou no centro do círculo com a sagrada caixa de couro marrom e convocou Edgar e Verônica a irem recebê-la. Eles passaram pelo corredor de tochas e seres especiais, e a mais alegre era a linda mulata Diacraniana. Eles choravam de alegria, de amor e de agradecimento. Andavam em direção ao livro e ao seu escritor, por entre luzes de fogo em um paraíso tropical. Todos que ali estavam entoavam um mantra, mas não havia tristeza na melodia. Era alegre, festivo e todos cantavam em harmonia. Eles chegaram ao centro do círculo onde estava seu Branco.

Neste momento, todos agiram como se tivessem recebido um pedido telepático do chefe do cerimonial e pararam de cantar. Tudo em perfeita sincronia, e Branco iniciou a cerimônia, em tom de homenagem:

– Hoje essas duas consciências luminosas alcançam a graça de iniciar a transição para um novo mundo. Suas histórias iniciaram eras atrás e suas passagens, viajando pela linha do não tempo, que separa a consciência da Onisciência, tocaram vários acordes que vibraram e construíram belas histórias. Eles ajudaram a suavizar o denso e foram modelos para outras consciências. Agora chegou o momento de agradecermos por suas jornadas e consagrá-los com a vibração final, pois esta abrirá o portal de sua nova dimensão. Ofereço este livro a vocês em homenagem às suas jornadas e com a certeza de que suas novas obras serão ainda mais iluminadas de conhecimento e poesia. Segurem, pois o livro é para vocês.

Eis que todos os presentes aplaudiram e iniciaram outro mantra, ainda mais alegre que o anterior, e também dançaram em movimentos bem sincronizados com as tochas nas mãos. E dançavam em torno de Edgar e Verônica. Seu Branco também dançava e aplaudia. Edgar e Verônica seguravam o livro e as mãos um do outro, enquanto choravam copiosamente de gratidão. Do céu começaram a surgir luzes que voavam baixo por sobre a festa. Havia luzes espocando também na vegetação. E eram muitas luzes. E o cantar do mantra parecia estar amplificado por um sistema de som acústico que não existia, mas o som daquelas vozes unidas era como música acústica em praia aberta. As luzes no céu e na terra bailavam juntas com as luzes das tochas e tudo se movia em total harmonia. E ali ficaram eles, sem hora e vontade para terminar aquela noite consagrada. Como se combinassem, todos foram se aproximando, inclusive as luzes, e terminaram em um grande abraço, formando um único e coeso bolo de luz, em uma cena realmente linda de se ver. E a cerimônia acabou. A homenagem acabou. E a música foi diminuindo até parar e todos os presentes caminharem de volta para a pousada, ou, sabe-se lá, onde ia dar a porta daquilo que parecia ser uma pousada.

Ficaram na praia apenas Edgar, Verônica e seu Branco.

– Meus irmãos, agora vocês precisam ir, pois os Unicranianos vão tentar destruí-los de qualquer forma. Vocês precisam sair de cena, se esconder, pois não há perdão para os que estão no fim do livro. Há uma pista de pouso e decolagem nesta ilha, com um avião para levá-los para um lugar onde eles não poderão encontrá-los.

O Portal para uma Nova Dimensão

Naquela altura, Edgar e Verônica já estavam surfando sem rumo na onda dos acontecimentos e podiam obedecer a seu Branco sem questionar, apesar de não acreditarem mais em perigo nenhum, pois essa "história" não colava mais. Porém, se tinham que pegar um avião, que fosse assim o novo capítulo.

Seu Branco os levou ao avião, que já estava pronto para decolar, e sequer falou o destino, apenas os colocou ali, dizendo para abrirem a caixa apenas quando chegassem ao destino final. Já Edgar e Verônica não sentiram vontade de perguntar nada, apenas seguiram as orientações. Branco ainda disse *"até breve"* e para eles não se preocuprem, pois seriam recepcionados no aeroporto. Ele comandou, o piloto obedeceu e o avião a jato decolou.

Dentro do moderno e amplo avião a jato, se sentiram bastante confortáveis. Era um luxo. Cabiam umas 20 pessoas ali e tudo isso estava à disposição só para eles. Perceberam algumas mochilas arrumadas em um armário e intuíram que seu Branco as havia deixado ali para eles utilizarem. Era um mochilão e, dentro, tinham casacos muito pesados. Parecia que seu destino seria um lugar de frio intenso, porém, estranhamente, também tinham algumas capas de chuva, além de alimentação rápida, como barra de cereais, pacotes de amendoim e, ainda, garrafas de água mineral. As acomodações na aeronave eram realmente de luxo e eles se deitaram em camas que pareciam ter sido deixadas prontas para o uso deles. Decidiram deitar um pouco para descansar o corpo após a festança que receberam, porém ali adormeceram, ainda em estado de graça e consagração.

Acordaram praticamente juntos e perceberam que já havia amanhecido em função do sol que se refletia através da janela do avião, em seus olhos. Bateram na cabine para falar com o único piloto do avião e ele continuava firme em seu trabalho. Perguntaram para onde iam e há quanto tempo estavam voando. Ele informou que o tempo total de voo seria de 15 horas e eles já estavam no ar há 14 horas. Com essa informação, concluíram que realmente se tratava de um avião moderno para aguentar tanta autonomia de voo sem reabastecimento. O comandante ainda disse que o destino era um país de um continente central e que as mochilas na cabine eram para eles. Isso era tudo o que ele sabia, pois sua missão era apenas levá-los ao aeroporto.

Ao chegarem ao aeroporto do país daquele continente central, ainda pela manhã, desembarcaram e ficaram atentos para perceber quem os receberia por lá. Logo perceberam um senhor, para lá dos seus 60 anos, falando freneticamente:

– Edgar! Verônica! Edgar! Verônica! Edgar! Verônica!

Era uma figura... Baixinho, gordinho, com longos cabelos grisalhos penteados para trás e com um pequeno óculos redondo azulado sobre os olhos. Usava uma camisa tropical e uma larga calça de linho. Era extremamente agitado e falava muito rápido. Edgar e Verônica se apresentaram e ele respondeu:

– Ah! Edgar e Verônica! Que prazer em recebê-los – disse rápido e dando um forte abraço neles, a ponto de quase derrubar os óculos do rosto de Verônica. – Vamos sair daqui, pois tenho que levá-los a um lugar e vocês correm perigo.

E lá foi ele pelo aeroporto empurrando um carrinho de bagagens com as mochilas da dupla e andando rápido, bem à frente dos dois que precisavam se esforçar para acompanhá-lo. E lá ia ele, com sua roupa tropical, o que até fazia sentido, pois, apesar do tempo chuvoso, o clima estava bem temperado tendendo para o quente naquele lugar.

Logo que saíram do aeroporto, entenderam o porquê das capas de chuva dentro das mochilas, pois o tempo estava muito chuvoso e isto, realmente, parecia ser natural naquela época do ano.

Correram para um carro pequeno e velho, típico daquele país, pelo que viram no entorno. Encararam chuva e um trânsito muito caótico, onde nada ia a lugar nenhum, apenas os vendedores ambulantes que pareciam vender de tudo, desde lagartos até smartphones; era o caos. E lá iam eles, pelo trânsito louco da cidade, até que, ao se afastarem um pouco mais, começaram a encontrar mais espaço para correr.

Chegaram a uma estrada ainda perto da cidade e por ali seguiram para uma região mais abandonada até encontrarem um galpão em uma área aberta, a uns 30 minutos da cidade. Era até um lugar ajeitadinho.

Eis que o aceleradinho encostou o carro, desceu e entrou rápido no galpão. E eles, como de costume, saíram correndo atrás para acompanhá--lo. Lá dentro, ele já estava girando, todo esbaforido, uma manivela que permitia abrir a parte central do teto do galpão. O girar da manivela separava o teto em dois lados e abria um clarão bem no meio da cobertura. Após todo este trabalho e antes que pudessem perguntar o que estava acontecendo, o doidinho já estava correndo em direção ao centro do galpão e puxando uma lona que cobria um volume não identificável. Quando descobriu, ficou evidente tratar de uma cabine de balão com o tecido do balão enfiado dentro dela. Ele parecia ter pressa. Toda a pressa do mundo.

– No que podemos ajudar? – disse Edgar.

– Puxe para cá aquele motor, ali no canto – falou o rapidinho sem deixar de fazer o que fazia, ou seja, retirar e espalhar a lona do balão pelo chão.

Edgar veio empurrando o carrinho, com o motor necessário para encher o balão e, àquela altura, a ideia já preocupava Verônica.

– Nós vamos viajar de balão? – perguntou Verônica.

O maluquinho parou tudo, olhou para ela e disse:

– Sim! – e voltando logo a trabalhar freneticamente.

Edgar, sem entender nada nem querendo mesmo entender coisa alguma, foi logo cooperando e tentando ligar aquele motor de ar quente para encher, "de uma vez por todas", aquele balão. E seja o que Deus quiser!

Aos poucos foram enchendo o balão e ele era realmente um grande balão, enorme! Balão cheio, Edgar perguntou:

– Então, para onde vamos?

– Vamos ao Sul, em direção às Cordilheiras.

– Aquelas Cordilheiras geladas e gigantes, que vimos do avião? – perguntou Verônica assustada.

– Essas mesmas, Verônica – respondeu o engraçado senhor. – E temos que ser rápidos senão eles nos pegam aqui!

Naquele momento eles pensaram que ser pegos talvez não fosse o caminho mais perigoso, porém não se atreviam mais a desafiar o destino, se teriam que encarar um balão e uma cordilheira gelada, que fosse!

O balão levantou junto com o frio em suas barrigas e lá foram eles, de balão, a caminho da Onisciência. E um fato chamou a atenção quando já estavam no alto, pois viram vários carros chegando rápido ao galpão, logo que saíram, mas a esta altura já estavam longe e realmente nas alturas. Põe altura nisso.

Foram rápido em direção às Cordilheiras geladas. Por sorte e precaução de seu Branco, estavam com suas mochilas e elas com os pesados casacos para neve. O tempo só piorava, os ventos não ajudavam e o balão parecia que ia cair a qualquer momento. O balanço estava cada vez mais perigoso, o doido ficava rindo e falava sem parar coisas sem o menor sentido e sem a menor adequação ao momento desesperador que enfrentavam. O frio já estava congelante, o corpo todo doía e eles não faziam a menor ideia de onde aquele maluco os estava levando. "*Será que a transcendência é a morte?!*", pensavam. Se não era, estava perto! Ou pelo frio, ou pelo vento, ou porque aquele balão foi a ideia mais idiota de todos os tempos. E a viagem continuava sem rumo e eles achavam que o senhor já estava se divertindo com a cara deles, ou com a cara de preocupação deles.

Em determinado momento a coisa realmente piorou, pois o que era uma ventania gelada que fazia o balão balançar feito um cavalo indomável ficou ainda mais dramático quando surgiu bem à frente, em meio às montanhas daquela Cordilheira, uma imensa parede de nuvens, que certamente geraria uma turbulência que nem os aviões mais poderosos suportariam. Imagina aquele balãozinho de gelatina!! E o detalhe: eles estavam indo bem na direção dela! Não havia como voltar! A situação estava muito feia mesmo! Era o fim, com certeza!

Edgar e Verônica tomaram a única providência que podiam, ou seja, seguraram um na mão do outro e mais uma vez disseram a si mesmos: "*Nós criamos nossa história, estamos juntos e nada pode acontecer, nada!*" E com um grande sorriso, daquele simpático senhor, que continuava com seus pequenos óculos redondos azulados na face, adentraram com tudo pelo que parecia ser a maior tempestade da história.

Logo que entraram, notaram que o tempo esquentou e o frio desapareceu por completo. Outra coisa: perceberam que o vento parou quase totalmente. Era como se estivessem passando por um caminho de paz. Nada se ouvia. O silêncio exterior também era um silêncio interior. Eles estavam diferentes. O senhor estava calado e os olhava como quem vibrasse por suas reações. E aquele balão agora, sim, flutuava. E flutuava suave. E aquilo que parecia nuvens e tempestade era na realidade paz, calma e energia. Era possível sentir aquilo, fosse o que fosse. A apreensão virou atenção e paz interior. Realmente agora parecia que eles iriam chegar a um novo mundo, pois aquele sentir que os acompanhou nos últimos dias estava de volta. Era o sentir da vitória e da realização. A energia da consagração estava de volta, junto à confiança do sucesso. E aquela parede de energia, em forma de névoa, só ficava mais e mais densa e eles, cada vez mais, em paz. Já estavam tão seguros que tentavam colocar a mão para fora da cabine para apalpar aquilo. "*O que é isso? Por que isto está nos transformando? Por que isto está em transformação?*", pensavam.

Externamente, não havia outra cor senão o cinza-claro, porém interiormente eles estavam multicoloridos. E nesse momento o senhor dos balões lhes falou:

– Isto é o plasma, meus amigos.

Explicou parecendo ler seus pensamentos que tentavam encontrar uma palavra para denominar o que, por enquanto, só podiam sentir: o plasma. "*Será o plasma que se encontra entre o pensamento e a matéria? Será esse o plasma? Será que é aqui que se constroem as realidades experimentadas?*" Que coisa linda. "*Será o nosso plano sendo construído?*". *Eram* tantos "serás" que suas mentes não paravam de pensar. "*Será que é aquele plasma, inteligente, o quarto estado da matéria, da Teoria do Universo Holográfico, citado por seu Branco?*"

O plasma era tudo isso, sem dúvida.

A Criação de um Novo Plano de Consciência

E o balão viajou muito por dentro do plasma. Até que o plasma foi perdendo densidade até parecer uma leve névoa translúcida. Logo foi possível ver o que seria "o impossível". Bem no meio da Cordilheira, feita de pedras e gelo e após a parede cinza de plasma se dissipar, surgia "o inverossímil". Era uma imagem que não poderia ter outra descrição senão "o inacreditável". Quando o plasma começou a dissipar, revelou o sol e um lindo céu azul e, embaixo, o que se via era a imagem do paraíso na Terra. Era uma imensa cidade com construções belíssimas. Era a cidade mais linda que já tinham visto. Arquitetura deslumbrante. Jardins imensos e perfeitamente cuidados. Cascatas e cachoeiras lindas; não se podia saber se eram naturais ou artificiais.

O balão desceu calmamente em um dos muitos deslumbrantes jardins daquele lugar. Esperando-os estavam três casais. Os três baloeiros foram abraçados docemente pelos três casais e aquelas pessoas tinham uma beleza especial. Não era exterior. A beleza emanava de seus semblantes de paz e sabedoria. Eram pessoas normais por fora, mas algo ali não era normal. Eram necessárias menos palavras para a comunicação, pois o olhar trazia muita informação. Outras pessoas podiam ser vistas. Havia um meio de transporte flutuante e silencioso. Havia muito silêncio mesmo com muitas pessoas. O som das águas das cascatas, das cachoeiras e o som de pássaros predominavam sobre os outros sons. Havia muitos pássaros belos, imponentes e diferentes, além de muita ordem e harmonia naquele lugar. Era a cidade da paz. Dos movimentos suaves, dos sorrisos suaves e dos olhares suaves. Era uma suave cidade. Como poderiam ser tão limpos e organizados? Havia muita sabedoria ali. Era a cidade da sabedoria. Aquele lugar tinha um som de fundo e parecia um acorde longo, que carregava a alma junto de si. Viajava-se naquele som.

Então, os três casais cumprimentaram nosso amigo maluquinho que, com um sorriso, já lhes disse o que precisava ser dito e sua encomenda estava entregue. E eles aprenderam com a viagem. E ele montou em seu balão e se foi, com seu belo óculos azulado.

A encomenda foi entregue. E eram duas novas consciências para serem recepcionadas em sua nova casa.

Os três casais se apresentaram e apresentaram, a Edgar e Verônica, onde eles haviam chegado e o que eles estavam criando coletivamente com a expansão de suas consciências. Mostraram-lhes a cidade, seus novos irmãos e suas obras.

A Criança, um Fruto de Luz

Levaram eles para o local que seria sua nova casa e pediram que ali eles esperassem orientações.

Era mesmo uma bela casa, perfeitamente limpa e com uma grande mesa, com muitas comidas, em sua sala. Era uma comida diferente, mas o aspecto era maravilhoso.

Em sua casa repousaram um pouco até receberem uma visita. A visita bateu na porta da residência e eles foram abrir a porta de seu novo lar: era seu Branco, mais belo do que nunca; todos estavam mais lindos do que nunca naquele lugar.

Abraçaram-se fortemente mais uma vez, pois nunca era demais. Convidaram-no para entrar, sentar e comer, e ele aceitou. Veio para esclarecer e responder e eles precisavam aprender:

– Vim visitá-los em casa! Já estão bem instalados – disse Branco alegre.

– Caro Branco, vai ser difícil descrever o que estamos sentindo. Creio que amor e gratidão resumem bem – disse Edgar.

– Estado de graça – complementou Verônica.

– Seu Branco, que lugar é este? Estávamos no centro do planeta, pegamos um balão em direção às Cordilheiras e viemos parar aqui por intermédio do plasma. Que lugar é esse? – perguntou ela.

– Verônica, este lugar não está em outro continente ou nas Cordilheiras. Ele está em um novo mundo. Vocês passaram e sentiram o plasma e eu lhes digo que passaram por um portal. Plasmas são portais. Parecem névoa ou nuvem, mais são portais. Os portais que estão entre o pensamento, fruto da expansão da consciência, e a nova realidade experimentada. A vontade e o desejo de vocês por transcendência chegaram a tal ponto que alcançaram este plano, onde todos possuem consciências mais evoluídas. Vocês atravessaram a linha e o limite de suas antigas faixas de consciência. Deram o salto. O portal de plasma lhes trouxe para esta dimensão. Podemos dizer que o pensamento, o desejo e a vontade plasmaram esta nova dimensão.

– Então, este lugar é a significação de nossas consciências expandidas? Atingimos este coletivo de consciências? – perguntou Verônica.

– Exato! Aqueles que transcendem o plano em que vocês estavam vêm para cá. É uma dimensão superior. Existem outros, muitos outros planos coletivos, ou muitas outras dimensões. Eu lhes digo que aqui é muito mais animado e alegre do que de onde vocês vieram. Aqui as pessoas materializam o que querem, imediatamente, pelo poder do pensamento. Dominam a criação mental e produzem aquilo de que necessitam. Vivem muito mais e com muito mais saúde. Seus corpos são controlados por suas mentes e produzem o prazer quando desejam. Praticamente vivem em prazer. Falam menos porque sentem mais. Quando decidem festejar conseguem gerar um êxtase coletivo, e vocês não fazem ideia do que significa isto. Porém logo irão experimentar.

– Nós já temos este poder de criar imediatamente com o pensamento? – perguntou Edgar.

– Daqui a pouco vocês vão ler o livro, assim que eu me for, aí vocês terão fixado esta vibração e sentirão como é sublime este poder. Agora saibam que todo poder traz responsabilidade, mas os que aqui chegaram já estão prontos, pois a expansão da consciência vem antes. Uma nova história foi escrita, criem apenas com poesia e sabedoria.

– O senhor mora aqui? – perguntou Verônica.

– Não. Mas sempre que posso venho aqui para ver os amigos – respondeu Branco com um sorriso sugestivo.

– O que há acima daqui? – perguntou Edgar.

– Ainda há muito a criar, Edgar. A Onisciência é difícil descrever. Porém, agora, o que há aqui é o suficiente para vocês. Nesta faixa, suas consciências rapidamente saltarão e a evolução será mais rápida. Todo dia terá um novo significado. Aqui tudo se acelera.

– Os Diacranianos e Unicranianos estão aqui? – complementou Edgar.

– Não, pois aqui todos conhecem o significado das cores e da poesia. Todos possuem esta vibração. Unicranianos e Diacranianos possuem um significado especial, didático, e em outro momento os explicarei.

– Vimos vários casais, todos são casais aqui? – perguntou Verônica.

– Sim. Todos são casais como vocês, almas gêmeas, como chamavam no plano anterior. Consciências idênticas em expansão e opostas em polaridade, que se encontraram e explodiram em luz. A luz quântica que permite o salto para uma nova dimensão.

– E os filhos? – emendou Verônica.

– Tragam-me a caixa – disse Branco sem responder diretamente. Verônica tirou a caixa de sua mochila e colocou sobre a mesa. Branco selecionou os números da trava numérica e a caixa se abriu:

– Que senha usou, Branco? – perguntou Edgar.

– Usei uma data, é claro: dia 06/03/2015.

Um instante de silêncio; os olhos de Verônica brilharam e ela perguntou:

– Se estou correta, são nove meses? O que é isso, seu Branco?!

– Isso mesmo, querida Verônica, vocês estão grávidos! Posso ver em sua vibração – disse Branco sorrindo.

Os olhos dos dois começaram a lacrimejar e um calor lhes subiu pelo corpo. Esse calor era o sentimento que ainda faltava, pois em seu caso, um mais um era igual à luz. Se do seu encontro perfeito surgiu um plano inteiro, imagina o que seria esse fruto.

Já podiam sentir sua presença junto a eles e já o veneravam como um ser nascido para um novo salto, uma nova evolução consciencial. Abraçaram-se para acabar de juntos chorarem e, ao acabarem de se abraçar, tocaram na mão de seu Branco para lhe agradecer a informação. Edgar era quem mais chorava, mas ainda pôde colocar a mão sobre o ventre de seu amor para também tocar em seu novo outro amor.

– Seu Branco, por que a senha é a data de nascimento da criança? – perguntou ela.

– Esta é uma data muito especial e um novo livro será entregue a vocês. Estas datas irão mudar, assim que vocês lerem o livro, pois aqui o tempo é diferente. Entretanto, até este momento ainda podemos pensar em datas e em nove meses. Depois vocês entenderão melhor.

– Que livro será este? – emendou Edgar.

– Não sei ainda. Está para ser escrito e o Mestre ainda não me passou as informações – disse novamente Branco, com aquele sorriso sínico e sugestivo.

– Então, seu Branco, eu só vi os casais aqui. Onde estão as crianças? – perguntou Verônica ainda puxando o ar pela emoção de estar grávida e um pouco preocupada com a resposta que viria a seguir.

– Não se preocupe, Verônica, pois as crianças estão na escola. Essa escola é uma dimensão mais sutil, uma vez que seus filhos são quase perfeitos: consciências que iniciam suas jornadas e já estão muito perto da Onisciência.

– Mas nós não poderemos criá-los? – continuava preocupada.

– Fique tranquila. Estarão muito mais próximos do que imaginam, pois as distâncias ficaram muito menores, tanto para vocês quanto para eles. Quanto a criar, lhe digo que será uma grande troca de conhecimentos, pois eles têm muito a ensinar a todos nós e isto ocorre muito rápido.

Parte X

"Somente os que são puros de coração podem repassar o conhecimento deste livro."

Mestre das Ilusões

10.

O Acorde Final

Exista e não Exista

As palavras de Branco acalmaram o coração materno de Verônica e a fizeram acariciar seu ventre, com o carinho e a responsabilidade de lidar com um ser especial.

Branco os deixou com um "até breve" e eles disseram que suas portas sempre estiveram e sempre estarão abertas para ele. Branco pediu que lessem o livro para assumirem de vez sua passagem para a nova vida.

Assim, abriram o livro e começaram a ler.

* * *

Capítulo VI
Final

Os Vencedores

Este é um novo mundo e os que aqui chegaram já estão dentro de um novo plano, muito mais leve. Levantaram as âncoras do antigo e caminharam até o renovado. Eu sou o Mestre das Ilusões e os trouxe até aqui. Vocês agora são Mestres das Ilusões e ultrapassaram os portais. Apresento-lhes o conhecimento final. Absorvam todas as suas gotas, pois entenderão aquilo que buscavam experimentar. Tomem a transcendência significada e dela façam bom proveito. Vocês a queriam e não a entendiam. Agora, irão compreendê-la e senti-la.

Eu afirmo que a Onisciência é Onipotente e Onipresente. A Onisciência é tudo o que há e o que não há. Sempre foi! Nunca deixou de ser! Eu iludi vocês! Apenas por isso houve a separação e apenas por isso houve complemento. Vocês aceitaram minha sugestão, aceitaram o meu acorde e foram iludidos.

Vocês queriam a transcendência e eu lhes dou a Onisciência. E lhes digo que a transcendência não existe. E lhes digo que a Onisciência é tudo o que existe e não existe. Então lhes afirmo que a transcendência é Onisciência, pois tudo é Onisciência.

Se a transcendência é Onisciência, como podem querer transcender a Onisciência? Eu lhes asseguro que nada mais é preciso. A Onisciência é tudo o que há e o que não há. E a consciência nunca deixou de ser Onisciência.

Vocês sempre foram Onisciência. Então não se iludam mais, acreditem! Devolvam o meu acorde de ilusão pelo imperativo da vontade Onisciente presente em todas as consciências.

Saibam que eu sou vocês e vocês sou eu. E nós somos Onisciência. Nunca deixamos de ser! Nós somos o Um.

Vocês foram iludidos, agora iludam e não iludam. Vocês foram sugestionados, agora sugestionam e não sugestionam. Vocês são, agora, os Mestres das Ilusões.

Vocês foram operários do Onisciente provocando movimento e gerando brilho. Agora nós somos os operadores do imperativo Onisciente e somos os missionários da manutenção de seu brilho infinito.

Saibam agora o que é Onisciência. Compreendam o que é Onisciência. E sejam Onisciência! Pois ela é tudo o que há e o que não há. Então, nós somos tudo o que há e o que não há. Estejam certos disso! Nós somos o império da certeza!

A Onisciência existe e não existe. E digo a vocês que tudo o que existe é "Ilusão Onisciente", e também digo que o que não existe é "Onisciência Pura". Nós somos agora Ilusão Onisciente e Onisciência Pura, ao mesmo tempo.

A separação e o complemento são Ilusões Oniscientes. Já o completo é Onisciência Pura. E agora nós somos completos. Porém as consciências, independentemente da completude, sempre serão Onisciência.

Sejam criadores e criaturas, de uma só vez!

Nós comandamos a sugestão do complemento e da separação, pois nós somos os Mestres das Ilusões. Nunca mais se esqueçam disso!

Para vocês não há mais separação, então, para vocês, não há mais necessidade do "religare".

O inconsciente existiu porque vocês aceitaram os bloqueios. O inconsciente acabou, pois todo o conhecimento foi desbloqueado pelo comando da certeza Onisciente. Vocês aceitaram os bloqueios e agora não aceitam mais, pois o inconsciente virou certeza Onisciente.

O inconsciente deixou de existir e virou Onisciência Pura. Tenham certeza disso! Suas consciências romperam a ilusão, se expandiram até a Onisciência e acabou a inconsciência. Está feito!

A Onisciência sugeriu a separação por meio do acorde. E esse acorde foi uma ilusão. Então a separação é uma ilusão. E tudo o que existe provém de uma separação e de uma ilusão. Então, o que não existe, é não ilusão.

Se o que não existe, não é ilusão, então é verdade absoluta e incondicional. Estejam certos disso, pois esta é a lógica da certeza.

A matemática é a certeza lógica. Vocês queriam a matemática de Deus e lhes dou a lógica da certeza Onisciente ou a matemática da lógica Onisciente.

A minha certeza foi o acorde sugestivo da existência. Agora a vossa certeza é o comando de retorno e do despertar para a não existência, pois nós somos o império do imperativo.

Agora nós existimos e não existimos. Nunca mais duvidem! Devolvam-me o acorde sugestivo pelo comando. Confiem! Rompam com os bloqueios. Nunca mais sejam bloqueados por ilusões! Se foram bloqueados, agora nós bloqueamos e desbloqueamos.

Nós somos o imperativo da certeza Onisciente. Os senhores dos acordes. Nós somos a Onisciência, a Onipotência e a Onipresença. Nunca deixamos de ser! Jamais esqueçam! Não lhes permito mais se separarem de mim! Nós somos tudo o que há e somos o que não há. Nós somos Um.

Se nós somos a Onisciência, então nós existimos e não existimos. Então, existam e não existam. Manifestem e não manifestem. Façam e não façam. Sejam Oniscientes, pois somos Onisciência, Senhores da Transmutação.

Nós somos os donos das histórias, pois somos os donos de todas as cores. Nós somos os donos do verbo, pois somos o império do imperativo. Nós existimos e somos "Ilusão Onisciente"; nós não existimos e somos "Onisciência Pura", tudo de uma só vez!

O acorde inicial foi uma sugestão. Vocês foram fruto de um acorde sugestivo Onisciente, aceitaram ser e ancoraram, porém agora retornarão pelo acorde imperativo do comando. Devolveram, agora, o meu acorde e levantaram todas as âncoras, pois são os Senhores dos Comandos!

A separação é ilusão. As histórias são ilusões. E este é o livro da ilusão. E a ilusão dentro da ilusão é o fim da ilusão. É a explosão luminosa da não existência. Da não ilusão. Da Onisciência Pura. E da derradeira transcendência.

A partir de agora nós comandamos as ilusões, as histórias e as sugestões. Pois eu lhes dei o livro. Eu sou vocês. Nós lhes demos o livro. Nós somos Um.

Acham mesmo que palavras existem, pois eu digo que é ilusão. E se existem são ilusões. E lhes digo que o poder do verbo é o imperativo da certeza Onisciente que serve para sugerir e para comandar. Vocês receberam um acorde ou uma palavra de sugestão e foram iludidos e separados. Mas agora nosso verbo é o imperativo comando do retorno e vocês estão despertos. Se saíram iludidos, a partir de agora, retornam comandantes.

Se "Tudo o que existe é ilusão" ao menos esta afirmação é real e existe. E este é o paradoxo Onisciente. Entretanto, não há paradoxo, pois a Onisciência existe e não existe. É real e irreal. Então a Onisciência é o paradoxo compreendido. E a partir de agora não existem mais paradoxos.

Vocês acham que este livro existe e eu lhes digo que é uma ilusão. E só por isso ele existe. Este é o livro das ilusões e ele existe. E só o livro das ilusões pode anular as ilusões. Só o livro traz a confiança e o comando Onisciente. E eu lhes dei o livro. Eu lhes dei a transcendência derradeira. Eu lhes dou a não transcendência, a não existência e a verdade absoluta. Eu sou vocês. Vocês se deram. Vocês sou eu. Nós somos Um. Só existe e não existe o Um.

Se na Onisciência Pura não existe o complemento, e se o amor incondicional é o impulso do complemento e do encontro, então também não existe o amor incondicional. Mas se a Onisciência Pura é tudo o que não existe e é verdade, então o amor incondicional não existe e é verdade. Portanto, o amor incondicional está no que não existe e é Onisciência Pura.

A verdade está no que não existe.

Asseguro-lhes que o amor incondicional é verdade e é Onisciência em seu estado puro!

Então, se existe, há condição. E essa condição é a condição de existir. Se não existe, não há condição. É incondicional. É puro de ilusões. E é verdade.

Vocês acreditaram que foram separados, mas agora separam e não separam. Afirmem nosso poder! Façam e desfaçam! Sejam Oniscientes, pois somos Onisciência. Exerçam! Somos o império do imperativo. Nunca mais se esqueçam disso! Se esquecerem, vocês serão vocês. Se não esquecerem, nós seremos Um.

A separação obedece a dois senhores, então não obedeçam à separação. Não obedeçam a dois senhores nem a um de cada vez! Sejam os dois senhores, pois nós somos o Senhor Único! Somos o Um. E também somos os Senhores das Separações. Nós somos o Senhor Onisciente.

Vocês acreditaram que os bloqueios existiam e eu lhes digo que são ilusões. E só por isso existiram. Confiem em mim. Eu sou vocês. Confiem em nós. Sejam o imperativo da confiança e rompam com todos os bloqueios. Levantem agora todas as âncoras!

A Onisciência é tudo o que há e o que não há. A confiança é Onisciência. Você é a Onisciência. Então, você é a confiança. Devolvam-me o acorde e desbloqueiem! Devolvam-me a sugestão, a ilusão e todos os bloqueios. Comandem! Nós somos os Comandantes Oniscientes!

Se conheceram deste livro nunca mais se afastarão da Onisciência. É impossível! Nunca mais serão vocês, pois, a partir de agora, seremos sempre nós, pois sempre fomos. Nós somos o início e o fim e também a diferença entre eles. Nós sempre fomos!

Vocês acreditaram em um Sistema de Crenças e eu lhes digo que foi uma ilusão. E só por isso existiu. Vocês foram operários desse sistema e agora nós somos o operador único de todos os sistemas. E também somos os donos de todas as crenças. Se foram crentes, agora somos criadores e destruidores de crenças. Só creiam na Onisciência, pois só ela é pura de ilusões!

Vocês foram protagonistas de histórias. Utilizaram seu pincel e algumas cores. Agora nós somos os donos de todas as cores, de todos os pincéis e de todas as histórias. Distribuiremos ilusões. Distribuiremos um pincel e algumas cores para os manifestados, pois nós somos os Comandantes das Histórias.

Vocês falaram em seus nomes e agora falarão em nosso nome. Adormeceram pela sugestão e agora despertarão pela confiança e pelo comando, pois nós somos o império do verbo. Sugerimos, manifestamos e ancoramos, apenas por missão.

O propósito Onisciente foi manter seu brilho infinito. E o seu objetivo foi a movimentação. Mas a movimentação é uma ilusão. Então, o objetivo da ilusão é o brilho Onisciente. E é o meu propósito. E agora é nosso propósito. Somos Um. E vocês nunca mais se esquecerão disso! Pois nós somos os Mestres das Ilusões e somos os missionários do brilho Onisciente.

Carreguem dentro de si a nossa vibração. Vão com os nossos acordes e sejam e não sejam. Façam e não façam. Iludam e não iludam. E existam e não existam. Pois nós somos os donos de todas as cores. Sugestionem. E permitam que histórias sejam desenhadas.

E nós estaremos sempre juntos, ainda que separados. E a nossa comunhão incondicional, que é o verdadeiro amor incondicional, é no plano da existência e da não existência. Tomem a certeza Onisciente! Agora vão. Agora vamos.

Fim

* * *

Edgar e Verônica leram o fim do livro e trocaram olhares, os mais profundos até então. Edgar olhou para a mesa onde havia as comidas. E as comidas maravilhosas que estavam ali foram acrescidas de outras, aquelas de que Edgar mais gostava. Verônica olhou para os lindos jarros vazios que havia na sala e os jarros agora estavam cheios das flores preferidas de Verônica. Eles se olharam e estavam mais luminosos. Edgar se concentrou, mentalizou e viu sua mão ficar translúcida. Verônica se concentrou e levemente flutuou. Eles sabiam que podiam sair daquele plano a hora que quisessem. Podiam, mas não queriam. Queriam ficar ancorados ali. Um pouquinho de âncora. A âncora da felicidade, do amor e da maternidade.

Mais uma vez se olharam e repararam um brilho que antes não tinham reparado. E esse brilho vinha do ventre de Verônica. No ventre havia um brilho diferente, pois de seu fruto vinha uma luz totalmente incomum, e aquela luz representava algo incrível que iria acontecer.

Mas essa é outra "história", literalmente.